Schwäbisches Duranand

Von Luis Walter

Schwäbisches Duranand

Gedichte in schwäbischer Mundart
Nachdenkliches
Lustiges
Aus dem Leben gegriffen
Heimatverbunden
Aus dem Bezirk Schwaben

Alle Gedichte © by Luis Walter

Illustration: © Stephanie Schubert,
Freischaffende Künstlerin

Foto Cover vorn: © Christoph Jorda,
Kaufbeuren,
Mit freundlicher Genehmigung der
Trachtenkulturberatung des
Bezirks Schwaben

Februar 2024

Herstellung und Verlag:

BoD – Books on Demand,

Norderstedt

ISBN: 9783758368455

Bibliografische Information der Deutschen Bibliothek

Die deutsche Bibliothek verzeichnet diese Publikation in der
Deutschen Nationalbibliografie; detaillierte bibliografische Daten
sind im Internet unter https://dnd.ddb.de abrufbar.

Liebe Leserinnen und Leser,

was vor Ihnen liegt, es ist sicherlich kein Kunstwerk. Und ganz sicher wird es nicht um die Welt gehen. Es ist ein Buch, gefüllt mit Gedichten in schwäbischer Mundart. Wobei „Schwäbisch" wieder sehr unterschiedlich in den Dialekten ist. So „schwätzt" man im Allgäu wieder anders als im Ries, und nahe der Iller wieder etwas anders als in der Lech-Region. Ja auch in Baden-Württemberg bezeichnet man eine Region als Schwaben oder Oberschwaben. Die Verständigung im Dialekt ist so recht unterschiedlich. Im Ihnen vorliegenden Buch beschränkt sich der schwäbische Dialekt auf das sogenannte Mittelschwaben. Wobei sich manche Begriffe jedoch hier schon wieder unterscheiden. Deutlich gemacht wurde dies im „Schwäbischen Sprachatlas". Interessant zur Geschichte Schwabens ist die Lektüre „Die kleine Geschichte Schwaben" von Rolf Kießling, wer sich für die Hintergründe und Geschichte Schwabens und deren Dialekte interessiert.

Vordergründig finden Sie in diesem Buch Gedichte, wie sie das Leben geschrieben haben könnte. Zum einen Nachdenklich, zum einen Humorvoll, oder wie man es auch immer nennen mag.

Auf jeden Fall wünsche ich Ihnen viel Freude mit diesen, aus meiner Feder stammenden Gedichten in schwäbischer Mundart.

Ihr Luis Walter

Der Dichter Namalos

Schreib doch a Buach, hat oiner g'sait
Ond hat sich sichtlich g'frait.
Mit deam was i von dir g'leasa hau
Müsst sich des guat verkaufa lau.

Ja, hau i g'sait, des kennt scho sei,
doch fend eascht mal so a Druckerei
dia dr au no a Schtuck entgega ruckt
ond fer an Namalosa ebbes druckt?

Sait er, alles wett druckt, au viel Mischt,
ond Namalos, des mal schnell vergischt.
Dei Nama kennt a jeder en Schtadt ond Land,
wia a bonter Hond bisch du bekannt.

Na ja, hau i g'moint, des ka scho sei,
doch weit isch es et her mit meiner Schreibarei,
dia oine, ja dia hand des mal g'lernt
ond dau bi i weit weg dr'vo entfernt.

Was i lies, des leasat au andre Leit,
hat dr g'sait ond doa g'rad wia g'scheit.
Was da schreibsch, des isch doch recht,
i kenn oin, ja der, der schreibt schlecht.

Ja, es ma vielleicht scho ganz guat sei,
fall i eahm glei en's Wort no nei,
ond trotzdeam, ma braucht scho meah dr zua,
a weng Gribesgrames isch dau no net g'nua.

Woisch was, wenn du an di selber net glaubsch
dir dei ganz Selbschtbewußtsein raubsch,
i hau dr's g'sait, bloß, glaub an di,
vielleicht denksch no a maul an mi.

A Engel an deiner Seit.....

A junger Kerl mit grad mal achzeh Jauhr
schtad en ma Kirchle denn vor em Altaur,
am ganza Körper zittrig ond um de Auga roat,
dau her führt eahn a ganz a groaßa Noat.

Ganz langsam knieat er auf dia Schtufa na
ond guckt dr'bei da Heiland traurig a,
er isch am Schlucka ond brengt kaum no a Wörtle
raus,
kommt grad von de Eltra, vom Krankahaus.

Er fühlt sich schuldig an der groaßa Noat,
vielleicht send seine Eltra morga toad,
denn wia dr Doktr heit zu eahm en sei'm Zemmer
g'sait,
es sei bloß no a Frage von dr Zeit.

Ganz leise flüschtrad er zum Heiland nauf
„Warum gibsch du denn meine Eltra auf?
Dia hand doch en ihrem Leaba gar nix u'rechts doa,
isch des jetzt daufür gar no ihra Loah?"

Er ka des ganze net so recht verschtau,
denn er alloi müsst alle Schuld doch hau,
denn wia dau ihra Haus schon lichterloh hat brennt
hat er bei seiner Freindin oifach pennt.

Er denkt sich alles wär doch andersch g'wea,
er hätt des Fuier sicher voarher g'seah,
om dia Zeit wollt er ja ganz sicher hoimwärst gau,
doch sei Freindin hat en halt net g'lau.

Wia er sich so seine Gedanka macht,
en deam Kirchle denn, mittlescht en dr Nacht,
er no zum Heiland guckad ohne rechta Ruah,
dau zwenkrad der eahm von oba hoimlich zua.

En deam Moment schpürt er nau scho a Hand,
doch er sieht neamad, gar neamad umanand,
er schpürt bloß, als wenn eahn oin richtig ziaga dät
ond vom Heiland weg zum Ausgang dreht.

Dia Hand, dia er jetzt an seiner Hand dau schpürt,
da ganza Weag z'ruck, z'ruck ens Krankahaus führt.
so langsam gad's scho bald an da Morga na,
d'Sonna fangt no net recht zum schtrahla a.

Dia Hand führt eahn weiter ond all grad aus,
bis auf d'Intensiv, dau en deam Krankahaus,
direkt en des Zemmer von seine Eltra na
dr'mit er zur rechta Zeit dau sei ka.

Auf oi mal schtrahlt d'Sonna zum Fenschter rei,
es isch a andrer, hellerer Sonnaschei,
der legt sich über die zwoi toadkranke Leit
als wenn er dia zwoi vom Leida befreit.

Ganz fescht druckt der jonge Kerl jetzt boider Händ,
so, wia er es jetzt bisher gar net kennt,
plötzlich, er denkt er träumt, sieht sich scho ver-
ruckt,
warrad seine Händ jetzt au feschter druckt.

Nach kurzer Zeit, ja au scho bald nau drauf
machad mitanand beide d'Auga auf.
Wenn Doktr kommad nau schpäter en dean Raum
seahnd se alles so wia en ma Traum.

Dia Zeit vergad, boide wieder richtig g'sond,
Doktr seahnd fer dia Genesung net oin Grond,
verzählt der junge Sohn au sei'm Elternpaar
was en deaner Nacht so alles war.

Der sait, „es war ja so was von verrückt,
i glaub dr Herrgott hat uns an Engel g'schickt,
i han en g'schpürt, g'fühlt, han aber neamad g'seah,
ganz sicher isch des a Engl g'wea.......

Maria Veschperbild

Es war a Frau und dr'zua ihra Ma,
und das fer sia nia was komma ka,
ja des hand se glaubt, für a langa Zeit,
bis auf dean Daa, nau kam s'groaße Leid.

Des oinzig Kend hat an Unfall g'hett,
bewußtlos war's Wucha lang em Bett,
alle Dokr hand eahm koi Chance meah gea,
und sia hand eahn scho im Hemml g'seah.

Ma hat's nia doa, a Gebeat mal g'sait,
ma hat's nia braucht, dau war all a Fraid,
doch jetzt war ma halt scho bald ganz am End,
nau faltad ma geara au mal d'Händ.

Ma hat all g'heart, dau gäb's so an Ort,
Maria heart dau a jedes Wort,
viele seiad dau na g'fahra scho,
vielleicht kennt des eahm au helfa no.

Nach Veschperbild send dia zwoi nau na,
die sellig Frau und au ihra Ma,
an der Grotte nau, voar em Kerzaschei,
kniaglad se na und beatad au glei.

G'faltad send d'Händ, traurig isch dr Blick,
dau von deam Ort verschpricht ma sich s'Glück,
überall em G'sicht ma au Träna fendt,
em Schterba liegt ja ihr oizig's Kend.

Fünf Kerza send's, dia zendat se a,
ma hofft dr'auf, dass des helfa ka,
Fünf Jauhr isch des Kend, b'halta will ma's no,
es war doch all emmer fröhlich so.

Maria hilf, fleahat sia sie a,
sowohl als d'Frau als au ihra Ma,
wenn scho uns net hilfsch, wenigschtens em Kend,
sei Leaba isch doch viel z'friah am End.

Nau laufad se um dia Tafla rum,
so viele send dau scho rings herum,
alles was dau schtad, Hoffnung meah erweckt,
nemmt von der Angst, dia en eahne schteckt.

Sia fahrad hoim, und a jeder schweigt,
a Hoffnung isch, dia jetzt eahne bleibt,
ja sia glaubad fescht an dia oina Macht,
und schlaufad mal meah wieder net a Nacht.

Am Morga drauf, ja dau klinglad scho
En aller friah laut des Telefo,
es isch s'Krankahaus, des Kind isch letschte Nacht
von sei'm Koma plötzlich aufgewacht.

Dia Zeit vergad, des Kend pumperlg'sund,
doch ma vergißt net dr'zua da Grund,
des Gebet hat's braucht und dr Glaube au,
en Veschperbild au d'Maria dau.

Und dia Moral jetzt von deaner G'schicht,
dr Glaube hilft, manch Gesetze bricht,
wenn em Zweifl bisch, gang nach Verschperbild,
und all die Angscht wird dau geara g'schillt.

Als Gott der Herr

Als Gott der Herr dia schöne Welt erschaffa,
dau hebt dr sich des scheaschte Fleckle auf.
Er konnt sich oifach net dr zua aufraffa
Bloß oifach irgend was dau schtella drauf.

Ond wia er nau so alles langsam vertoilt hat,
dau nemmt dr ´s beschte Schtickle ein sei Hand,
ond wia eahm nau so manches durch da Kopf gat,
vermisst er no des scheane Bayernland.

Der scheaschte Fleck, ja der soll Bayern hoißa,
weil scho dr Nama auf dr Zong vergat.
A neid wett´s bloß no gea bei de Proißa,
Weil Bayern, ja des wett a freier Schtaat.

Doch viel zu graoß, dass´s oiner kennt regiera,
drom doilt er sieba mal des ganz auf,
ond bei deam ganza duat er net pressiera,
denn Schönheit nimmt scho arg viel Zeit en Kauf.

A Oberbayern ond a Niederbayern,
a Mittel – ond a Onderfranka no,
au Oberpfalz wird a Doil von Bayern,
mit deane fünf, dau isch er jetzt mal froh.

A Oberfranka soll es au no geaba,
wobei jetzt bloß no oines fehla dät,
des scheaschte, des liegt an Württaberg dr neaba,
des scheachste Fleckle des er grad no hätt.

Wo scheane Täler ond au Berg vorhanda,
des wird des allerscheaschte Schwaubaland,
nur guate Menscha sollat dau dra schtranda,
ond überall wird des dann au so bekannt.

Wo Berge send, des soll des Allgäu werda,
entgega g´setzt, des nennt dr nau des Ries,
Wer dau geboara isch, der will dau schterba,
denn es isch a mal der Erde Paradies.

Mit Wald, dau duat er alles reich beschtücka,
mit Wiesa, saftig mit ma dicka Grea,
au Obscht, des ka ma ibrall reichlich pflücka,
was bessres wia en Schwauba soll´s net gea.

Ja überall, dau sollat Bächla fliaßa,
a See´nlandschaft soll´s iberall au gea,
grad Fischla sollat durch dia Wasser schiaßa,
a jeder Fleck an sich, halt oifach schea.

Da allerscheaschta duat dr Krumbach nenna,
wo Kammel fliaßt ganz g´miatlich mitta durch,
dia duat des Hürba au von drüba trenna,
am Bergle dob schtad iberall a Kurch.

A Wasser soll's em Boda denna geaba,
das neaba dra a Bad entschtanda soll,
es soll hau a oig'nes chrischtlich Leaba,
ond wer dau kommt, soll's fenda toll.

Ja grad a so, so isch es au gescheha,
ond Krumbad nennt dr des ganz schea Idyll,
wia er nau alles hat no mal beseha
hat dr entwicklat a ganz bsondres Gfühl.

A so isch au bis heit en Schwauba blieba,
a jeder dankt em Herrgott dau dr'für.
Bloß selta hats oin dau en dia Welt naus trieba,
doch irgendwann schtaut er wieder voar dr Tür.

Dr Herrgott schaut heit voller Schtolz herunter,
sei ganzer Schtolz, des isch sei Schwaubaland.
Ond was au kommt, des gat niamals unter,
denn drüber hält er schützend seine Hand

Unser Schwauba, a Paradies

Wia dr Herrgott des Bayernland hat plant
hat er so ebbes dau glei g'ahnt,
oi Fleckle isch dau denn, des isch g'wieß,
des wed Schwauba, des deutsche Paradies.

Und dau soll es so ganz wunderschea
landschaftlich gar alles gea,
Berg em Allgäu dob und flach em Ries,
mit Seen ausg'schtadat, halt a Paradies.

Neaba deaner ganz scheana Natur
hat er nei g'legt so viel Kultur.
Klöschter, Burga, de Leit so a Tracht,
rund um g'seah halt a scheana Pracht.

De Leit hat dr a Musikg*hör geaba,
alles was scheaner macht des Leaba,
tanza, singa, spiela und no meah
soll's en jedem Dörfle gea.

Leckermäuler sollad se werda,
ebbes verschtau vom scheana Leaba,
a jedes a g'richte Gericht
soll sei grad wia a Gedicht.

Komponischta und viele Dichter
sollad sei am Hemml d'Lichter,
was des Schwauba abronda duat,
so isch des Fleckle wirklich guat.

So isch Schwauba em Bayernlande
dr scheaschte Fleck, mit em scheaschta G'wande,
ja, des oine, des ich ganz g'wieß,
es isch Europas Paradies.......

Mit Rolli oder Kruckschtock

Ganz egal was allwei au passiert,
es geit allwei wieder an Weag.
Ganz egal wo ma uns au all frisiert,
mir gand au über da kloinschta Schteag.
Ob mit Rolly oder Kruckschtock,
es geit all no fer uns a Ziel,
Ob mit Rolly oder Kruckschtock,
uns geit unser Leaba all no viel.

Jeder sait, bei uns ging nemme viel,
der leabt en ra ganz andra Welt.
Jeder sait, es geit fer uns koi Ziel,
weil de Reiche hand des groaße Geld.
Ob mit Rolly oder Kruckschtock,
jeder all no ganz weit komma ka,
Ob mit Rolly oder Kruckschtock,
weiter gad's all, wenn ma bloß au ma.

Jeder duat als wär scho alles d'schpät,
weil er oifach negativ denkt.
Jeder duat als sei dia Welt verdreht,
selber hat er no nia ebbes g'lenkt.
Ob mit Rolly oder Kruckschtock,
es ka allwei wieder weiter gau.
Ob mit Rolly oder Kruckschtock,
ma muass es halt bloß richtig au verschtau.

Ganz egal wo immer ma au schtad,
es geit überall na an Weag.
Ganz egal wo na ma nau au gad,
ma fendt all no da kloinschta Schteag.
Ob mit Rolly oder Kruckschtock,
so a Vorwärtskomma geit's allwei,
Ob mit Rolly oder Kruckschtock,
jeder für sich verantwortlich sei.

Der Engl in dr Nacht

Es isch a kloines Mädle g'wea
des sich verlaufa hat.
Voar lauter Nacht hat sia nix g'seah
wia se a Schtrauß lang gad.

Auf oimal schpürt se nau a Hand
dia sia an ihrer nemmt,
a G'schtalt mit ma ganz weißa G'wand
dia sia ja gar net kennt.

Zu deaner G'schtalt guckad se nauf
und sieht an hella Schei,
und weiter no dia Flüg'l drauf,
woiß net was des kennt sei.

Dia G'schtalt nemmt se nau auf da Arm,
wicklad en ihr G'wand se ei,
des hält des kloine Mädle warm,
des kuschlad sich drenn nei.

Der Engl gad mit ihr dia Schtrauß,
nei direkt en d'Schtadt,
bleibt schtau voar ma kloina Haus
des Liachter brenna hat.

Dau lasst der Engl des Kind raa
und schtellt's voar d'Haustür na,
Des Mädle ka bloß Danke saa
und guckad dia G'schtalt bloß a.

Scho glei isch es ganz dunkl meah
und schtad dau ganz alloi,
sia ka jetzt neamad rengs rum seah,
aber, sia isch dahoi.

Dr Herrgott muass a Schwaub sei

Dr Herrgott, so sait ma, des war doch a Schwaub,
des muass ja au schtimma, saa i mit verlaub,
denn so wia der denkt, des ka bloß a Schwaub,

Denn wia der dia Welt so fer uns dau hat b'schtellt,
dau hat er au g'wisst was a ma Schwaub so g'fällt,
sei Hoimat, fer eahn am moischta doch zählt,

Denn wia er doch dettmals des Bayern kreiert
dau hat er no mal so a wenga probiert,
war von ra Musik ganz schea inspiriert,

Des Württaberg, eahm doch glatt misslunga war,
schien eahm ja des Bayernland scho wunderbar,
doch hat er au g'wisst, dass dau no ebbes war,

A Glanzpunkt, der hat fer eahn all halt no g'fehlt,
ja ebbes, des zu so ma Moischterschtuck hat zählt,
und hat sich a so nau nomal recht quält,

A Prachtschtuck, auf des jeder an b'sondera schtolz
hat,
a Perle, ja grad mit a paar Dausad Karat,
so es eahm em Kopf all meah umnander gad,

Und dia Musk, dia er dau allawei g'heart
dia hat eahn nau au no so richtig belehrt,
was no neanad's isch und na au nei no g'heart,

So hat er nau g'schaffad bei Daa und bei Nacht,
hat bei dr Entschtehung dia moischt Zeit aus-
g'macht,
damit des au g'wies wedd dia scheaschte Pracht,

Und so dann au dettmauls mit zärtlicher Hand
Entschtanda, des Schwauba, em boirischa Land,
so wia's au bis heit all no hat Beschtand,

Dr bayrische Schwaub

Es isch und bleibt dr Bayrisch Schwaub
am Reabaschtock de allerscheaschte Traub,
so hat es dr Herrgott all scho g'wellt,
isch des oizig was fer eahn bloß zählt.

Vom Ries grad bis en's Allgäu nauf,
en allem isch dr Schwaub scho sauguat drauf,
isch ib'rall a kreativer Mensch,
oiner, dean ja soscht grad neanad's kennsch.

Alle Gaba hat eahm dr Herrgott gea,
dr'zua a Kultur, dia lasst sich ib'rall seah,
a Schprauch, dia so herzlich klengt,
a Musik, dia aus em Herza sengt.

Dr Herrgott hat sich scho was b'sondres denkt
wia er deam Bayernland hat d'Schwauba g'schenkt,
es soll fer Bayern halt glei
ja scho au des I – Düpfle dau sei.

Mit seine Komponischta, Dichter dau,
unter'm Hemml, der schea weiß isch und au blau,
geit's nix was en Schwauba net geit
mit seine künstlerische Leit.......

A Trachtafrau

Was geit's denn heit net all'z zur Tracht
dia Fesch und Schlank ja au no macht?
Zumindescht soll ja a Frau
zierlich rauskomma au.

Beim Ma isch es net ganz so wild,
der geit erscht mit Bauch a rechtes Bild.
Dau zählt halt nau bei dr Frau
das rauskommt dr Vorderbau.

Frau muass dau zoiga was se hat,
jeder Ma isch auf Anhieb platt,
was beim Ma halt duat net gea,
der isch von Grund auf schea.

Vielleicht no a Kettale rom,
des am Hals wär gar net domm,
d'Vielfalt hat dau koi Grenz,
so isch heit a mal Tendenz.

Unta rom, an Rock, a Hos,
bequem soll's sei, halt mal bloß.
Dau hat Frau au koi Problem,
Schönheit isch nia angenehm.

Ja so a Tracht isch a Pracht

Es sait dr Ma zur Frau,
ma sollt eikaufa gau,
weil i jetzt nix meah hau
des mir dät schtau.
Dau sait nau d'Frau zum Ma,
guck bloß dia Wampa a,
dass dir dau nix meah passt
scho ei'ganga lasst.

Ma bräucht halt dau a G'wand
des mir macht gar koi Schand,
ebbes, des allwei g'fällt
und was darschtellt.
Das i an Ranza hau
des muasch du scho verschtau,
weil du so guat kocha duasch,
ja zuanemma muasch.

Dau duat ra jeda Frau
glei ihra Herz auf gau
und nemmt so alles na
von ihrem Ma.
Dau woißt se in dr Tat
ja au scho da rechta Rat,
fer a ganz saubres G'wand,
ganz elegant.

Sia sait, mei liaber Ma,
i woiß wo mir gand na,
dau geit's a netta Tracht,
a ganza Pracht.
Mir gand zur Barbara,
dia ka dir ganz g'nau saa
was dir guat passa duat,
und nau isch's guat.

Ja wenn i di net hätt,
ja was i dau bloß dät,
sait dr Ma zu seiner Frau
ja glei drauf nau.
Dia isch doch s'Krumbach au
am Trachtamarkt all dau,
ja dau gangad mir na,
Wia andre mit ihrem Ma.

Ja und i kauf dir au dau,
bisch doch mei liabschta Frau,
au no a ganz scheas G'wand,
wia's halt dei Schtand.
A Trachtabörs soll's gea,
dau wett fer di ganz schea
ja ebbes dr'bei aus sei,
bild i mir ei.

So viel hau i no an Geld
das ebbes raus no fällt,
des bisch du mir scho wert,
bisch net verkehrt.
Nau hand mir zwoi a G'wand
und machad koi'm a Schand,
denn so a scheana Tracht
isch scho a Pracht.

So a Leaderhos

So a Leaderhos isch was wert,
dau bisch a'zoga nia verkehrt,
Dau kasch saua mit dr Soß,
des macht nix aus deaner Hos.

Hasch dia Leaderhos a mal a,
dau dr Wend no so pfeifa ka.
Dia isch dicht, dau gad gar nix dur,
a Material aus dr Natur.

Ja dicht isch dia Leaderhos,
hebt net all'z von ussa bloß,
au was denna isch, des bleibt denn,
und isch net so wia bei dr Henn.

Ob se jetzt kurz draisch oder lang,
ja ganz sicher wett dir net bang.
Die oi luftig, dia ander zua,
auf jeden Fall hasch du die Ruah.

Mit dr Figur gat se allwei mit,
wett dir nia z'eng en drenn em Schritt,
Obadrei isch se no a Schau,
des ganz Leaba lang kasch dia hau.

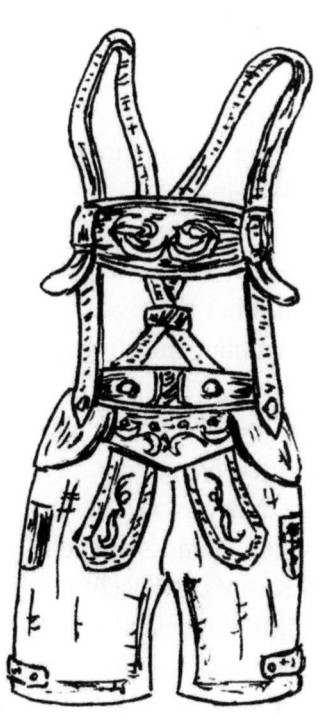

Des mit der Tracht

Was heit so an Bekleidung
doch alles traga wed,
doch gad ma z'ruck zum Urschprung,
wenn ma des a no hätt.
Nau dät ma glatt erkenna
ob oiner arm isch oder reich,
dau konnt ma des no trenna
dass halt net alle gleich.

So war des bei de Trachta
dia ma mal traga hat.
Es war schtreng drauf zum achta
ob Bäure oder Magd.
Des was dr Baur a'zoga
hat no lang em Kneacht net g'heart,
dr Schtand hat net betroga,
des hat dia Tracht scho g'leahrt.

Doch längst isch's des net g'weasa,
ma hat da Reichtum g'seah,
des Häs war auserleasa,
am G'schtickta b'sonders schea.
Scho an de Knöpf dr Weschta
wia reichhaltig dia beschtückt,
dr Schtoff, der war vom Beschta,
Tracht hat alles ausgedrückt.

Des Trachtag'wand

Was i hau net alles heit g'heart,
ja manches, des isch richtig g'scheart,
dau haut's oim glei da Boda naus,
wenn's richtig nemmsch, isch es a Graus.

Ma duat ja scho lang umanand,
was trägt ma bei uns fer a G'wand,
Isch es net all no doch a Pracht
Wenn ma bei uns trägt a so a Tracht?

En's Bierzelt, ja dau g'heart se nei,
dau kasch ohne Tracht gar nemme sei,
de Junge hand des so eig'führt,
ma d'Hoimatverbundenheit dau schpürt.

Em Alltag, dau fällsch richtig auf,
ma guckad auf oin richtig drauf,
als ma von wo anderscht her käm,
fühlt ma sich ganz unangenehm.

Ma fraugt oin, ob denn Fasching wär,
dau gucksch nau scho ganz bled dr'her,
dr oi fraugt zur guater Letscht
ob net scho wär s'Oktoberfescht.

Das i so recht a'zoga bin,
des kommt ja gar koim en da Sinn,
Das des halt isch so a rechtes G'wand,
des raubt nau deane da Verschtand.

Was ziagt ma denn heit a?

Ma sait so oft, was ziah i denn heit a,
ja ebbes des ma all au seha ka.
Ja ebbes des halt zeitlos isch und schea,
ja so wia des friaher halt au a mal g'wea.

Es geit so viel des neanad's zeema passt,
wo ma sich oifach glei an Kopf na fasst.
A halbes Jauhr, nau ka ma's nemme seah,
weil nau duat's scho meah ebbes nuies gea.

Ma fraugat sich, was kennt denn ebbes sei,
ja ebbes des en viele Jauhr no fei?
Wenn ma so guckad, was isch denn a Pracht,
so mancher dät nau saa, des isch a Tracht.

Über was ma heit alles schwätzt

Wo duat's heit net üb'rall brenna,
was duat ma heit net alles kenna,
all meah auf ma nuia Tripp,
jetzt isch es grad d'Schweinegripp.
Jeden Daa an nuia Tipp
fer dia tödlich Schweinegripp.

Impfa soll ma sich doch lassa,
grad en de ganz obre Klassa,
doch was ma gescht hat no g'sait
gilt scho oftmals nemme heit.
denn grad bei de ältre Leit
geit's dia Grippe nemme heit.

All dia Konjunkturpakete,
sait ma, brengt meah Haufa Knete,
en dia leera Schtaatskass nei
dass dau meah was denna sei.
dau kassiert an Schteira glei
wieder meah s'Finanzamt ei.

Alle sollad Autos kaufa,
denn dia Wirtschaft muass meah laufa,
Abwrackprämie hat's glei gea,
mancher g'funda wunderschea.
Haufa Geld hat's dau für gea,
jetzt geit's koine Alte meah.

Jeder isch sich dau em Klara,
an dr Heizung muass ma schpara,
und so packt ma d'Häuser glei
en an warma Mantl ei.
doch guck'sch en dei Rechung nei
überschlägt's dia Zahla glei.

Alles soll ja billig warra,
kria'sch all meah jetzt fer dei Scherra,
weil es wohl am Absatz fehlt,
jeder Euro heit doch zählt.
weil halt doch des Geld heit fehlt
ma jetzt auf Rabatte zählt.

Manchmal schwätzt ma au um Sacha
wo da kasch ja bloß no lacha,
weil's ja net dr Red isch wert,
was uns oft dr A'schtand lehrt.
über was ma sich begehrt
was ja soscht koi Sau net schert.

Uns ka des all'z gar net jucka,
mir schlagad net nach de Mucka,
mir send luschteg und guat drauf
wenn a Musik schpielt dau auf.
singad glei a Prosit drauf,
nemmt doch eh all'z seinen Lauf......

Am Königsweiher

Mach d'Auga auf und guck de om,
egal wo du au bisch.
wia schea isch es doch om uns rom,
oft viel zu leicht vergisch.
Am Königsweiher sieht ma viel
bei uns em Kammeltal,
Ma kriagt fer dia Natur a G'fühl
auf's Nuie all meah mal.

Wenn d'Sonna scheane Bilder mault
erfreit sich glei des Aug,
es isch als wenn wia d'Seel wedd krault,
ja so hat es da Taug.
A Schpiaglbild von Schatta g'macht,
des en des Wasser fällt,
so wunderschea, es isch a Pracht,
isch des kloine Schtückle Welt.

Es kommt all auf da Blick meah a,
von wo und wia ma's sieht,
an was ma sich begeischtra ka,
ja was mit oim dau g'schieht.
Ma ka sei Seel schea baumla lau,
vergessa Sorg und Leid,
ka's au so macher net verschtau
en uns'ra heit'ga Zeit.

Ma fährt heit en dr Welt omnand,
bis en des henterscht Eck,
flackt dau an so ma ferna Schtrand
zwischa Touristadreck.
Dr'bei liegt oft dahoi ganz pur
scho fast des Paradies,
am Königsweiher dia Natur,
isch es ja scho ganz g'wies............

Auf der Autobah

Jeden Daa hearsch's em Radio,
das wieder irgendwo
auf oiner Autobah
oiner zu was komma ka.
Was dau so alles wieder leidt,
ja hätt ma bloß meah Zeit.

A Schtoaßschtang kennsch dau billig hau,
hat oiner liega lau.
Au Schtoaßdämpfer ganz schea
duat's all mal wieder gea.
Ma braucht bloß s'passende Modell
halt dann scho generell.

Au Fahrräder send es gar oft
dia ma fendt ganz unverhofft,
gar Schie mit dr ganza Box
tanzad dau mal Discofox.
Wenn ma bloß wüsst wo's halt grad mal wär
wär alles nau halb so schwer.

Betta glei mit em ganza G'schtell
fendsch en jedem Modell.
Käschta, scho leicht zerlegt,
Zelte, no net zemma g'schteckt.
Dr reinschte Flohmarkt isch heit dau,
und umsoscht kasch's au no hau.

Roifa send's oft mit Felga glei,
manchmal isch vielleicht dr'bei
an Ferrari glei no,
wo kriasch denn sowas sonscht denn scho?
Ganze Koffer glei voller Wäsch
oder a sauduira Däsch.

Fläscha, Kischta und no viel meah
duat's täglich auf deutsche Schtraußa gea,
Ma muass bloß grad dau sei,
und scho isch es auf ois – zwoi – drei
em Handumdreha au scho Dei,
ohne Geld no oba drei......

Dr Josefsdaa

Em Jauhr geit's doch fer all'z an Daa,
ob's braucht wet oder net.
Doch oi Daa, des muass i saa,
viel z'weanig g'achtat wet.
A Feierdaa so wonderschea
isch er friahar a mal g'wea.

Was war denn des dett fer a Ma
der g'achtat hat sei Weib.
guckt dass an sia nix komma na,
net g'schoanad hat sein Leib.
Au wenn Jesus net von eahm g'wea
hat er fer sia doch alles gea.

Verehrt hat ma da Josefsdaa,
b'sonders em Boira Land,
ja, es war a Feierdaa
ib'rall gar omanand.
weanig denkad dau heit no dra
dass ma dean au no feira ka.

Doch Gott sei Dank geit es no Leit
dia wissad was sich g'heart,
dät ma begeha nemme heit,
ja des wär richtig g'schärt.
Drom geit's Land nauf, Land naa
bei ons all no da Josefsdaa.

Unsra ganz moderna Zeit

Modern isch heit ja unsra Zeit,
so heart ma's üb'rall saa.
Ma heart's ja von so viele Leit
a so ma jeda Daa.

Modern isch heit au unsra Schprauch,
ja denglisch, besser g'sait.
dau geit's da Smoke jetzt fer da Rauch,
ma duat, als wär ma g'scheit.

A Player schpielt Musik heit raa,
Oldies sait ma heit fer alt,
eikaufa traut sich koiner meah saa,
zum Shopping gad ma halt.

Friaher hat's halt a Kneippe gea,
heit gad ma oifach en's Pub,
Schpazieragau war all wunderschea,
heit hält Walken oin auf Trab.

A Tennisspiel geit's heit net meah,
heit isch es ganz klar a Match,
au Schachtla kasch heit neanad's meah seah,
weil oifach a Box dau hätsch.

Was friaher a Trikot no war,
des isch oifach heit a Dress,
a jeder PC kennt ganz klar
ja allawei bloß no des.

Bar ebbes zahla, des isch out,
und wenn, nau hoißt des heit cash,
heit oiner sich net Song saaga traut
guckt a andrer bled aus dr Wäsch.

A Schnellimbiss des isch a Snake
a Drink isch a Kurzer halt,
ebbes zemmag'mischtes isch a Shake,
Denglisch halt, mit aller Gewalt.

Modern schwätza, des isch doch g'scheit,
ma moint, du dätsch ebbes verschtau,
guck en dia Politik doch mal heit,
fer dia Schprauch muasch an Lehrgang hau.

Und wenn heit gar no schwäbisch schwätza duasch
scho glei domm a guckad wesch,
Denglisch heit verschtanda muasch,
und des auf A'hieb und cash.

Urlaubsplanung

Wo fährt ma denn heit en da Urlaub groaß na,
ja längst fangt ma ja mit em Plana scho a,
wer gibt uns was dra,
das ma's leischta ka,

Wenn's Urlaubsgeld au allwei weaniger wed,
nau hat's mit ma duira Urlaub au scho g'hett.
Des isch doch a g'frett
und gar net recht nett,

Dr Schprit isch so duier, koscht an Haufa Geld,
des Plana oim dau scho jetzt schwerer glei fällt,
was geit's auf dr Welt
was jetzt no meah zählt,

Und guckt ma a mal so dia Landkarta a
nau fällt oim auf Anhieb ei wo ma na ka,
no nia war dau dra
und doch mecht mal na,

Ma kennt ja em Ausland scho bald an jeda Fleck,
doch was isch en Schwauba denn, oh Schreck oh
Schreck,
dau hat es doch keck
a ganz groaßes Leck,

Ma isch no nia en Illerbeira mal g'wea,
en Maihinga sei es au dau b'sonders schea,
Museen duat's dau gea,
so wunderschea g'lea,

Wia viel ma doch an scheane Klöschter au hat,
ma kennt au dia Burga mal b'suacha doch glatt,
wo dau oine schtad
und no nia g'seah hat,

Ma kennt ja ganz oifach a mal au her gau
und schwäbisch Kultur in sich nei ziahga lau,
des sollt ma scho hau,
sollt ebbes verschtau,

Ma muass ja des Geld net ens Ausland naus draa,
dia dädat sich freia und bei uns gad's aa,
des siehsch jeden Daa,
des muass ma mal saa,

Und wenn da weit futt fährsch nau schtasch bloß
em Schtau,
was kennsch denn en deaner Zeit net alles hau,
drum dea'mer des lau
und bleibad mal dau

Ja wenn ma so denkt nau isch's bei uns doch schea,
wo duat's denn no scheanere Fleckla heit gea,
ma ka's all Daa seah,
auf's nuie all meah,

Wo fährt ma en Urlaub na?

Wo na soll ma denn en Urlaub allwei fahra,
wo ma sich sicher au no leischta ka.
Jeder muass fer sich a wenga au doch schpara,
dass ma an teura Urlaub nemme verma.
Ma guckt all meah en dia Proschpekte nei
und lasst des Plana au schnell wieder sei.

Es wär schea, kennt ma mal meah wo na fliaga,
doch mit vier Kender, dau gad des halt net.
Dau ka ma's dreha und dau ka ma's au biaga,
wenn ma des Geld hätt, nau wär ja alles nett.
Doch es gibt allwei no a Möglichkeit,
au schparsam Urlaub macha ka ma heit!

Ja en bayrisch Schwauba ka ma viel erleaba,
und Kenderfreundlich isch's au no dr'zua.
Und grad kulturell duat's dau so vieles geaba,
grad au zum lerna fer Kender gibt's grad gnua.
Und wichtig isch, es koscht net arg viel Geld,
des isch es doch was heit em Urlaub zählt.

Au zum Bada ka ma überall na ganga,
weil dia Gewässer au so sauber send.
Und beim Fischa ka ma scheane Kerle fanga,
des woiß a jeder der dia Region kennt.
Dau ka ma na ganga wo ma au grad will,
a jedes Fleckle isch a schean's Idyll.

Alte Mühla und au viele alte Häuser
send wieder herg'richt, a Schmuckschtück fer sich.
Aus dr G'schichte wird ma g'scheiter und viel Wei-
ser,
dr'zua war des ja au mal königlich.
Mit Schlösser, Burga, Klöschter übersät,
a scheaner Führer oin dau bei berät.

Zwischa'm Ries und em wunderscheana Allgäu,
dau denna fend't ma jetzt au s'Legoland.
zwischa Lech und Iller dau gibt's net bloß alloi
was aus Proschpekte isch halt so a mal bekannt.
Denn jedes kloine Dorf und jeda Schtadt
au nomal ihre b'sondre Reize hat.

Kloaschter Irrsee, Ottabeura, muass ma g'seah hau,
en Roggaburg und Thierhaupta scho g'wea.
Schloß Neuschwanstein und des alte Hohaschwangau,
in Mindlhoim isch dia Burg wunderschea.
des all'z isch aus längscht vergang'ner Zeit,
doch wunderschea und intressant no heit.

Au a mal durch Augschburgs Altschtadt schlendra
und auf dr Mauer von Nördlinga schtau.
Au viel andre Schtädt, dia sollad oin net hendra,
ja überall hat ma dau au des KnowHow.
A Urlaub dau isch all no ebbes wert,
dau hana liegt au g'wiss koiner verkehrt.

Ja will oiner an ma Urlaub richtig schpara
und will dr'zua au no allerhand seah,
nau muass er zu uns nach bayrisch Schwauba fahra,
wo alles hoimlig und so idyllisch schea.
An kloina Reiz soll des Gedichtle hau,
und drum lass i des jetzt oifach so schtau.

A Sau brengt Glick

Warum des Glick brengt grad a Sau
isch viele net ganz klar.
Sia isch net schea und manchmal au
a Dreckloas wonderbar.
Doch schenkt ma oim a groaßes Glick
nau muass a Glückssau sei,
dau fällt nau au em Augablick
oim glei des Sauglick ei.

Ja gar zu manch Geburtstag oft
schenkt ma fer's Lebensjahr
ja so a Ferkl unverhofft
und findt es wonderbar.
Ob des jetzt kloi isch oder groaß,
lebendig oder doat,
es braucht nur d'Form von so ra Loas
und dau hat ma koi Noat.

A Schweinle mal ganz rosaroat
bemault glei mit ma Klea,
dia Wirschaft sieht au dau koi Noat,
dr Kunde wonderschea.
Vielleicht sogar aus Marzipan
dr'mit ma's Essa ka,
vielleicht au doch aus Porzellan
weil des hält länger a.

Dr'bei isch oft net oim bekannt
woher isch dieser Brauch,
woher dia Säu des Glick doch hand
mit ihrem fetta Bauch.
Es kennt ja au a Frosch doch sei
der zum a Prinza wed,
vielleicht a Bärle obadrei
was au was für sich hätt.

Wer fríaher g'hett a Sau em Schtall,
an Eaber und a Loas,
dann zeha Junge Schnall auf Fall.
deam war des Glick ganz groaß.
Bei deam hat es koin Hunger gea
weil schnell wächst so a Sau,
dau war des Leaba allwei schea
und Säu ka ma guat hau.

Und wer mit seine Säu viel Glick
und ihrer Aufzucht g'hett,
hat sich dann no mit viel Geschick
a Polschter g'schaffa nett.
So isch au mancher Bauer heit
durch d'Säu so richtig reich,
a Sau brengt Glick fer alle Zeit
und des isch allwei gleich.

Des wenscht ma in dr Politik
ja au mal deana Leit,
dass se mal mit a bissle Glick
au warrad a weng g'scheit.
Bisher hat's a saudussl doa
des jetzt roicht nemme aus,
Vielleicht wärad se sogar froah
fer mancha Sau em Haus.

A Sau und d'Muttergottes von Frauabronn

A Schweinehirt treibt seine Säu
zum Moosgrond naus scho allawei,
weil er scho allawei au sait
das dau was b'sonders guates geit.
So war's au an deam oina Daa,
von Waldkirch aus, dau treibt er's naa,
lasst's wuala en dr greaschta Lach
und er hockt dau mit seinem Sach.

Doch oi Sau wualad an oim Fleck
und gad von deam gar nemme weg.
denn ebbes hat sia dau entdeckt
was dau mal worra isch verschteckt.
Doch sia brengt es net ganz raus,
wed ihr scho langsam zum a Graus,
gronzt grad dean Hirtabua laut a
ob er vielleicht net helfa ka.

Doch wia se gronzt au no so laut
und allwei tieafer des Loch baut,
der Bua, der gad oifach net her,
dr'bei isch doch des Drom recht schwer.
Wia a Hond, so schprengt se na
und gronzt dean Bua no arg meah a,
doch der verschtad dr'vo koi Wort,
bleibt oifach hocka an sei'm Ort.

Dia Sau, ja dia isch au net bled,
au wenn ma's dr'fir halta dät,
sia wualad und legt es au glei
so richtig sichtbar ganz schea frei.
Mit em Riasl und viel Kraft
sia es doch letschten Endes schafft
und rollt es nau em Hirtabua
voar d'Fiaß mit seine alte Schuah.

Eascht nau guckt er des Drom nau a
was er als Holz erkenna ka,
duat nau dean schlammig nassa Dreck
von deam Drom langsam a mal weg.
Was nau raus kommt, er glaubt es net,
als ob er was em Aug denn hätt,
es isch ganz herrlich rein und pur
grad a Muttergottesfigur.

Zum Schloifa bis ens Dorf dau nei
kennt's fer eahn recht schwer doch sei,
und so vergräbt er des no mal
damit's oiner fendt auf gar koin Fall.
Nau treibt er alle seine Säu
sofort au hoi en Stall glei nei,
verzählt von deam seltsama Fond,
von dussa, en deam Moosbachgrond.

So macht ma sich am nächschta Daa
glei auf da Weag en Moosgrond naa,
de Baura und em Pfarrer au
bleibat beim A'blick d'Auga schtau.
Weil dau no koi Feldkreiz war
schtellt ma's als Gottes Wink mal dar,
dia Muttergottes g'heart dau her,
des wär ihr gegabüber ja bloß fair.

So nemmt dia Zeit nau au da Gang,
ja glei an ganza Wenter lang,
bis nau der göttlich edle Schatz
doch kriagt da allerscheaschta Platz.
Enzwischa schtad, wo mal dia Sau
dau g'wualad hat, a Kapelle dau,
ond Pilger kommad von ib'rall her
wenn's s'Leaba eahne macht so schwer.

Doch selta bloß denkt ma dau au
an dia gar doch so g'scheida Sau,
wer woiß ob ma des g'fonda hätt.
vielleicht vergammlad und viel d'schpät.
War's Zuafall das a Sau
dia Muttergottes g'fonda dau?
Warum hat ma se dau verschteckt
ond Jahrzehntlang net entdeckt?

Ma woiß net woher se mal g'wea,
wo se mal g'schtanda, wonderschea,
des bleibt a Rätsl fer alle Zeit,
nach derer Lösung koiner schreit.
Fer alle Zeit isch jetzt dort
jeda Fall's a besinnlicher Ort,
an deam ma geara Eikehr fendt,
a alter Ma oder a Kend.

Wenn ma heit an a Sau mal denkt,
vielleicht ihr meah Beachtung schenkt,
das ma se net bloß zum Fressa ma,
zu meah no gebraucha ka.
Weil doch grad ohne dia Sau
des Frauabrunn wär ja gar net dau,
jed's Gottesgeschöpf hat so sein Senn,
wenn ma's au net glei fendt, dau denn.

Der schweinische Wortschatz

A Sau hat en Schwauba an ganz b'sondra Wert,
au wenn man sich um sia net b'sonders schert.
Em Wortschatz isch'se all em Gebrauch,
vor allem grad en dr schwäbischa Schprauch.

Dau ka oiner leicht scho a Saukerle sei,
der bildat sich drauf dann au no ebbes ei.
A andrer isch a Sausiach von Natur,
der isch intelligent ganz oifach nur.

A Sauhund ebbes auf em Kaschta hat
und saumässig guat em Leaba schdat.
A Saubua isch oifach a unfledlig's Kend
der alle Schandtata von Grund auf scho kennt.

A Saumädle isch des gleiche, halt weiblich blos
mit deaner, dau isch au allwei ebbes los.
Zu manch oim ma au scho mal Wildsau sait,
was manchen beleidigt und manchen au fraid.

A Saumaga hat oiner der alles inanander frißt,
der wia a Sau, des aufheara halt vergisst.
A Drecksau, der fühlt sich halt wohl em Dreck
der au auf dr Haut schon schdat wia dr Schpeck.

Manch Leit halt mit ra Sau mal vergleicht,
so mancher Nama sich ganz leicht ei schleicht.
Ob Mensch und Sau sich so ähnlich send
merkt ma wenn er schtenkt gega da Wend.

A Sau hat's deam nauch ganz schea schwer,
nemmt ma ihran Nama doch fer alles her,
alles was nix isch, dau isch sia schuld,
dr'bei hat grad dia doch so a Saugeduld.......

Dia Reinlichkeit dr Sau

Ma macht a Sau doch moischtens schlecht
wenn ma's als Sau bezeichna mecht,
als Dreckvieh isch se so bekannt
voar allem grad em Morgaland.

So hält se oft als Schimpfwort her
was au net isch so richtig fair,
weil so a Sau ja reinlich wär
und s'dreckig sei ihr fällt scho schwer.

Warum wälzt sia sich denn im Dreck?
Net wenn se fendt an saubra Fleck,
sia lieabt a saubres Wasserloch
ja letschten Endes wirklich doch.

Hätt wia dr Mensch ja au dia Sau
en ihrer Haut dia Pora au
wo d'Hitz nach außa woicha kennt,
wär ihr des Kiahla wirklich fremd.

Doch wenn a Sau schtark überhitzt
nau bloß nach Inna wirklich schwitzt,
innerlich glatt verbrenna dät
und nau wär bald au alles d'schpät.

So wälzt sia sich em Wasser rum,
denn Sau isch wirklich ja net dumm,
kiahlt sich von außa a
und Tempratur so halta ka.

Dät ma ihr frisches Wasser gea
so wär a Sau au allwei schea,
doch welcher Bauer duat des scho,
hat Geld und Zeit fer d'Säu au no?

Und so wälzt sia sich halt au dau
wo reduziert dr Hitzeschtau,
so isch des moischtens halt dr Dreck
wenn se fendt' koin saubra Fleck.

D'Sau als Leinwandstar

Es woiß koi Mensch heit meah warum
ma zur a Sau sait sia sei dumm.
Denn wia dr Herrgott ja dia Welt
erschaffa hat so wia's eahm g'fällt,
hat er doch glatt über Nacht
da Mensch dr Sau ganz ähnlich g'macht.

Vielleicht isch au grad umkehrt g'wea
wia er da easchta Mensch hat g'seah,
Vielleicht isch grad au so a Sau
des Abbild vom a Menscha au,
manchmal geit's koin Unterschied,
hat jeder vom a andra Züg.

So hat ma Filme produziert
wo sich a Sau ganz ungeniert
so wia a Mensch bewega ka,
ja au dia Schprauch hat g'nomma a,
als des Menscha Retter gilt
und so manch groaße Kino's füllt.

Miss Peggy oder Schweinchen Dick,
dia präsentierad sich ganz chic.
Au Rennschwein Rudi Rüssl rennt
wia ma's von oiner Sau nennt kennt.
Schweinchen Wilbur menschelt au,
wär ohne Freund heit nemme dau.

Des Schweinchen Namens Babe sprengt glei
auf Anhieb au als Schaufhirt ei,
nau geit's dia Farm dr Tiere no,
au dau menschelt dia Sau schea scho.
Ja als Leinwandheld brilliert
a so a Sau ganz ungeniert.

Was sich dr Herrgott hat wohl denkt
wia er dr Sau was menschlichs g'schenkt,
aber vielleicht au, ja wia scho g'sait
isch umkehrt grad dia Ähnlichkeit,
Wia geara d'Sau dr Mensch doch ma
schtad täglich auf em Schpeisepla......

D'Sau und ihra Gelantine

Wia wichtig d'Sau doch allwei isch
em täglicha Leaba oft vergisch.
net bloß ihre Haut isch begehrt,
net bloß des Fleisch, des ma verzehrt,
a Sau isch echt a Allroundprodukt,
manches dr'vo ung'seaha schluckt.

Selbscht wenn oiner an Joghurt ißt
a kloina Menge Sau au mit frißt,
au Gummibärla wärad net so
hättad se net a Schtuck Sau au no.
Blattgalantine isch a reina Sau,
so, jetzt woiß des a Hausfrau au.

Und wer drenkt geara an Schluck Wei,
derfad au drei und meah Schlück sei,
und au der, der jetzt an Fruchtsaft drenkt,
eahm a kloines Schtückle von sich schenkt.
als Klärungssubschtanz brauch ma dau au
a Gelantine von dr Sau.

Wer dr'zwischa a Kapsl schluckt
au net auf dia Verpackung guckt,
enna denn isch des Medikament,
des Äußre, was ma Gelatine nennt,
und des kommt, wia vieles andre au
ganz oifach von oiner Sau.

D'Schweineknocha und au d'Schwart
machad halt viele Dinge hart,
machad se no geschmeidig dr'zua
und von allem hat ma ja grad g'nua.
Denn a Metzger schlachtat ja doch au
net bloß a oiziga Sau.

Und so ka ma au mal wieder seah,
alles ka a Sau von sich gea,
bei oim, dau duat sia sich scho schwer,
al Mill, des gibt's se halt no net her.
ja halt, das ma se net melka ka,
was mit dr Zeit au sei no ma.

D'Sau vertont und verdichtet

A Dichter isch oft kreativ
und findt es zu deam positiv
wenn's fer all'z au an Nama geit
der em Vergleich schtad zu de Leit.

Und schnell isch au mal über Nacht
zu ebbes glei a Liadle g'macht.
Em Traum isch ma ja produktiv
und alles sieht ma intensiv.

Das Männer alle Schweine send
kommt oim en Kopf dau ganz geschwend.
Dann hat des träumt ganz g'wieß a Frau,
a Ma dät schreiba „Wilda Sau".

Oi Schlager passt all en dia Welt
weil er en jeda Ära fällt.
A Schwein müsst ma auf der Welt sei,
ma dät all Daa a Sauerei.

Doch wär es des, mal ehrlich g'sait,
macht bloß a Sau sei wirklich Fraid?
Ma woiß, a Sau dia irritiert,
wed manchmal gar diskriminiert.

Wenn mal koi Sau meah nach mir schreit,
von koiner Sau an Anruf geit,
nau wär des au gar net verkehrt,
denn des isch glei a Schlager wert.

Dr Schtrom kommt aus dr Schteckdos raus,
so isch es halt em jeda Haus,
A Sau isch doch so produktiv,
wär des net au alternativ?

Dr Riassl sieht ja eh scho aus
wia d'Schteckdosa en jedem Haus,
dia Hitz, dia d'Sau eh produziert
wird halt in Strom umfunktioniert.

Dr Phantasie koi Grenze g'setzt
wed halt a Sau überall g'schätzt,
em Liad oder em Vers a Mal,
Beischpiel geit's viele an dr Zahl.

Kommt au dr Mensch manchmal, oh Schreck,
net allawei au gleich guat dau weg,
so isch's all no a liabes Vieh,
manchmal braucht's bloß a Fantasie.

Es isch a Sau ja allgemein

Es isch a Sau ja allgemein
en aller Regl au bloß a Schwein.
A Eaber aber isch koi Sau,
weil der ka koine Ferkl hau.

A Eaber ka a Ferkl sei,
bloß eaba des ganze klei.
Au wenn der als Sau wed g'schimpft
und gega d'Schweinegrippe g'impft.

Net alles isch a Sauerei,
g'wieß aber isch's a Schweinerei,
a Nummer kloiner ka's au sei
a recht a groaßa Ferkelei.

Das a Schwein fer alles guat,
dia Ausschtellung ja zoiga duat,
und was dr'über naus so geit
manches Gedicht heit wieder sait.

Es isch onder aller Sau

Ja onder aller Sau isch des
was ma oim reibt so onder d'Näs,
was ma heit so em Fernseh sieht,
was g'sait wed und was dr'nauch g'schieht.

So manches Deutsche G'setz isch au
scho zu lang onder aller Sau.
bereichrad alle Groaße no
dia eh schon g'nua hand so wie so.

Ond onder aller Sau ma sait
wenn ebbes oin gar nemme g'freit.
So wed heit d'Wirtschaft grad so au
omtrieba onder aller Sau.

Ma sait so mancha Politik
wed bloß regiert ohne Geschick,
ond letschten Endes sieht ma au,
es isch doch onder aller Sau.

Ja voar em Abfall bloß bewahrt
hat oine Maultäscha ganz zart,
doch der Vertrauensbruch sei au
mal menschlich g'seah, onder aller Sau.

Dau isch a Metzger irgendwo
und schneid't scho s'Wasser so wie so,
verarbad s'Floisch ganz kloi zerhackt
das s' au dr Zahlose no packt.

Und was dr'bei no übrig bleibt
mit nuiem Datum schnell beschreibt,
ond so verkauft der glatt nau au
a alta fer a nuia Sau.

Doch wia es oft zom Zuafall kommt,
fliagt er nau auf au scho bald prompt.
Des ganze sei, sait s'Gricht jetzt au
in Anbetracht, onder aller Sau.

Gewisse Ähnlichkeita

Hat net au so a Sau ebbes menschliches dra,
dr Mensch net au a rechta Sau sei ka?
Wenn ma dia boide mal a wenga vergleicht
fendt ma Ähnlichkeita doch ganz leicht.

A Sau schteckt doch ihra Näs glei überall nei,
es kennt ebbes Fressbares denna sei.
Und isch net grad mancher Mensch au eaba a so?
Manche riachad s'Geld vom Weita scho.

Ja und ihren Riaßl miassad se üb'rall hau,
ob des jetzt dr Mensch isch oder a Sau.
Wobei dr Mensch da Riaßl moischt dau denn hat
wo's eahn am weanigschta a glei gad.

Es geit Leit, deane schmeckt's grad so wia ra Sau,
dau duat's au am Tisch koin Unterschied net hau.
Wenn's g'schmeckt hat verlassad se au ihren Tisch
wia's beim Verlassa dr Sau vom Trog isch.

Und wenn oiner driald, nau sait ma zu deam au
er sei a Ferkl oder gar au a Sau.
Selbscht wenn er am Boda an rechta Dreck macht,
denkt ma an a Sau, hoimlich und sacht.

Grad wenn a Wildsau alles nieder trampla duat
nau hat se vielleicht a recht a groaßa Wuat.
A gieriger Mensch über Leicha au gad
und so dr Wildsau net henta dana schtad.

Dr oizige Unterschied zwischa Mensch und Sau,
des isch net des Grunza, net das se send schlau,
zwar hand sich ja boide doch zum Fressa geara,
bloß dr Mensch duat sich von dr Sau ernähra!

A Sauereia

Was isch net all'z a Sauerei,
a mal bemerkt so neababei.
Wer richt net all'z an Sauschtall na
wenn ma des mal so saga ma.
G'moint isch dau net grad dia Sau
dia en ma Sauschtall all muass schtau,
ja g'moint send dau en jeder Zeit
so manch ganz besondre Leit.

Da greaschta Sauschtall find't ma heit
onder de guat betuachte Leit,
ja jene, dia G'scheitheit g'fressa hand,
rom laufad em ganz saubra G'wand.
Sia geand sich ja allwei chic
en unsra groaßa Politik,
ond en dr groaßa Wirtschaft au,
führad sich auf grad wia a Sau.

So isch es doch a Sauerei
was manche Bosse schiabad ei,
de Kloine bald verhungra land
dass sia g'nua auf em Konto hand.
Ja es isch a Sauschtall scho
was fer d'Arbad kriagsch heit no,
dass bald schier net leaba kasch,
dass bald scho nemme schaffa masch.

Es isch a Sauerei gar heit,
der Umgang mit de alte Leit,
a Sauerei was all'z passiert,
d'Leit guckad weg ganz ungeniert.
Wia dr Schtaat gad mit uns um,
verkauft uns fer bled und saudumm,
und es a Sauerei au isch
kriagsch vom Finanzamt mancha Wisch.

A Saulada, des sich au Poscht
dia uns da letschta Nerv no koscht.
Von Kundafreundlich gar koi Schpur,
a reiner Sauschtall isch des pur.
An a Sauerei grenzt au
was koiner richtig ka verschtau,
das Bah so langsam reagiert
obwohl so viel scho isch passiert.

Dia ganz groaßa Verschwenderei
isch eaba au a Sauerei,
dau schmeißt ma s'Geld zum Fenschter naus
wo letschta Endes kommt nix raus.
Au wenn des no bei uns so fehlt,
sich unser oiner no so quält.
Und mit deaner Verschwenderei
fiattrad ma wieder de groaße Säu.

Wenn ma täglich en Zeitung guckt,
all meah a Sauerei abdruckt,
all geit's an groaßa Sauschtall meah,
Sauläda, das glei nemme schea.
So geit es au allawei
onder manche Leit au no Säu,
so war es allawei ond so bleibt es au,
so mancher Mensch isch au a Sau.

Schlachttag und Kesslsupp

Es war fer mi allwei richtig doof
wenn scho am Morga am Nauchbaurhof
a Loiter am Schtadltoar war,
dann war fer mi scho alles klar.
Lang hat's nau net daurad g'hett
nau han e g'merkt, s'isch alles d'schpät,
ja wia am Schpieß hat d'Sau scho g'schria,
hand mir dau zittrad glei dia Knia.

Plötzlich, dau war nau so a Schuss
und mit deam G'schroi auf oimal Schluss.
Jetzt hat doch glatt dia arma Sau
fer uns zum Fressa s'Leaba g'lau.
I hau nau au ganz g'wieß g'wisst
was ma am Mittag bei uns ißt,
a Kesslsupp wed es halt gea,
dau hau e nau scho g'nua g'hett meah.

Wer woiß was dau all'z denna isch
wenn dia am Mittag auf em Tisch,
hau i mir jedes Mal dau denkt,
des Mittagessa war scho g'schenkt.
G'kochte Eardäpfl dr'zua,
a altes Brot, hau g'hett scho g'nua,
nau Bluat und Leaberwurscht mit Kraut,
des hätt mein Maga voll'ds versaut.

Von weitem hau e so an Blick
nau g'worfa auf dr Sau Mißgeschick.
wia se dau nau so aufg'hängt g'wea,
der Anblick, der war gar net schea.
Wia dr Metzger g'schaffad hat,
dr Bauer neaba dana schtad,
A Floisch von so ra doata Sau
des hau e miassa gar net hau.

Au Mittag isch es nau bald g'wea
und d'Muatter mit ra Kann' kommt schea
wohl mit ra Kesslsupp dau denn,
von weitem dean Geruch i kenn'.
Mei Gott hat sich dia doch g'freit
und g'wiß no a paar andre Leit,
bloß mir hat sich da Maga umdreht
weil i sowas nia essa dät.

Es isch was in Erinnrung bleibt,
da G'ruch all no in d'Näs nei treibt,
wenn au vorbei isch längst dia Zeit
und es koi Kesslsupp meah geit.
Kaum metzgad ma no dahoi,
selta oi Sau bloß ganz alloi,
weil's ja au in dr heit'ga Zeit
so kloine Baura nemme geit.

Welches Schweinderl derf' es sein?

Wenn oiner schpara will
nau schteckt er übrigs Geld
net irgendwo en so a Säckle nei.
Ma hat halt so a G'fühl
das alles Geld dr Welt
em Bauch von ra Sau aufg'hoba sei.

Scho Robert Lembkes Schpruch
war an sein Schtudiogascht
„und welches Schweinderl derf es bittschön sei?"
Dau hat dia Sau dean G'ruch
en koinschter Weis als Lascht
und wirkt au net wia a Sauerei.

Em Gegatoil isch's grad,
weil's sich's vermehra soll
und wird vielmehr als Glücksau g'seah.
Und der Bekanntheitsgrad
isch meah wia bloß toll
und duat's auf dr ganza Welt ja gea.

Au a bekanntes Liad
aus deane sechz'ger Jauhr
isch als Hämmerchenpolka bekannt.
A Noat durch's Leaba ziaht
schtad s'Schparsau auf dr Lau'r
und alles isch bloß halb so brisant.

So hilft a so a Sau
aus der Bedrängnis raus
und schmälert manch finanziella Noat.
Ma muass bloß da Glauba hau
nau roichts vielleicht gar naus
am End sogar no bis zum Doad.

Dr Schneider und sei Maaga

Dr Schneider jaummrad Jauhr und Daa
an da liaba Doktr na,
sei Maaga ma halt net so recht,
des sei fer eahn halt schlecht.
Kaum häb er ebbes g'essa g'hett
gad scho los a so a g'frett,
kaum häb er es fünf Minuta dont
käm es scho wieder rauf da Schlund.

Em Doktr isch des Sonnaklar,
wetzt scho s'Messer wunderbar,
des geit au glei und jetzt au no
a saubra Operatio.
Der Maaga, der muass sofort raus
und isch's em Schneider no a Graus,
Schnell a Narkose, nau gad's rond,
ja nau kommt raus der defekte Hond.

Weil es em Doktr all pressiert
isch des au schnell passiert.
Er richt da Maaga wia er ka
und hängt en an da Zau nau na.
Damit er dau schea drickna duat,
nau sei der Maaga wieder guat,
so denkt sich des dr Doktr halt,
damit eahn dr Schneider hat meah bald.

Doch des Metzger's Hond hat g'lacht
und sich über d' Maaga glei her g'macht,
oin Schnapp, und er war au scho dont,
em Maaga von des Metzgers Hond.
Zum Metzger schprengt dr Doktr glei
und macht bei deam a riesa G'schrei,
verzählt eahm dia Sauarei
und das es doch a Sauschtall sei.

Fer da Metzger isch des halb so schlemm,
„dau, halt von dr Sau oin nemm",
und geit em Doktr so oin na
damit der weiter macha ka.
Dean Saumaaga pflanzt der nau ei
damit des Malheur beseitigt sei
und näht drauf en aller Ruah
da Schneider oifach wieder zua.

Und wia der aufwacht nach zwoi Schtond
isch der wieder pomperles G'sond,
zahlt em Doktr au glei sei Geld,
und hofft das des jetzt lang a hält.
Es merkt au koiner dean Vertausch,
em Schneider kommt jetzt nix meah raus,
er frißt all'z zema, halt wia a Sau,
so braucht ma jetzt koi Sau meah hau.

Oifach a andra Zeit……

Es isch oifach a andra Zeit,
ma merkt es net bloß an de Leit,
denn weil d'Leit mit dr Zeit ja gand
send se all auf em nuischta Schtand.

Als easchtes isch's mal d'Wirtschaft heit
wo's all meah was modernes geit.
All wie no meah Technologie,
ma moint, dau gad nau nix meah hii.

An Handwerker brauchsch heit koin meah,
zum repariera duat's nix gea,
Es isch alles a Oi-Weag-Dreck,
wenn's hii isch, wirfsch oifach weg.

Fer all'z geit's heit doch a Modul,
des wechslad ma halt aus ganz cool,
das des a Zeitlang nau meah gad,
das d'Wirtschaft meah a Arbad hat.

Und unsra scheana Politik
gad mit dr Zeit ja au ganz chic,
hebt Manager en Hemml nauf
und legt fer Murksrabad no drauf.

Dia saugt da Bürger reschtlos aus
und sia leabad en Saus und Braus.
Setzad an Haufa en da Sand,
sich nau au no umjubla land.

A wenga ebbes isch verkehrt,
dr Mensch isch ja fascht gar nix wert,
isch bloß no dau als Arbeitstier,
und nau auf d'Rente pfeift ma dir.

A Mensch isch bloß no lukrativ
wenn er fer d'Wirtschaft attraktiv,
fer jeden, all'z a Geld rei brengt,
und au recht viel em Schtaat no schenkt.

Und bisch mal krank, ja nau bisch dau
en deam Land scho a arma Sau,
wer krank isch, der brengt ja koi Geld,
hasch au koin wert meah auf der Welt.

A Abwrackprämie wedd's ganz schea
so fer uns Leit nau au bald gea,
das d'Junge meah a Arbad hand
und schaffad fer des deutsche Land.

Ja so isch heit halt unsra Zeit,
wo mancher auf dr Schtrecke bleibt,
und irgendwann macht se uns hii
dia so moderne Technologie...........

D'Leicht

Andächtig schtandad d'Leit auf dr Leicht
losad ,was dr Pfarrer so verzählt.
Oine warad vorher bei dr Beicht,
hand ihre Sünda runter gequält.

Der Verstorb'ne war a hohes Vieh,
weit bekannt in Stadt und am Land
all'z isch komma, zu der Zeremonie,
und ma schtad am Grab umanand.

Babett isch mit ihrem Ma au dau,
guckad lässig so umanand,
ma muass d'Fiaß net so en Boda schtau,
denkt sia sich em schwarza G'wand.

Wiaviel Geld muass dau versammlad sei,
des denkt sia sich so insgeheim,
und was der Pfarrer jetzt verzählt no glei,
rutscht doch glei aus auf sei'm Schleim.

Von deam Doada hat'se g'heart nix guat's,
jetzt hebt man groaß en Himml nei.
A Paar Wörtla , moint se, fer dean duat's,
kennt grad moina, hätt an Heil'gaschei.

Alles g'schwätzt, jetzt kommt dr Seaga no,
nau ka ma zum Leichaschmaus gau.
En der Wirtschaft sei es recht au scho,
und es Geld hat's dahoi glei glau.

No net duss vom Friedhof, gad's scho los,
a Lacha, Kichra, durch d'Menschaschar.
A frommes Wörtle, ja wo bleibt des bloß,
so denkt Babett, wia's halt friaher war.

Kaum hockt man au en der Wirtschaft denn,
hand Bedienunga gar viel zum doa.
Und der Leichaschmaus kriagt seinen Senn,
für des Schtanda kommt jetzt dr Loah.

Babett heart sich nau a bissle rom
Was dia G'sellschaft alles verzählt.
Dau heart se , wia der doch umadom
jeda Daa sei Umwelt hat bloß quält.

Anderscht wia am Grab ma dau hat g'schwätzt,
duat man jetzt durch da Drecke dure ziah.
Auf a Sündaart, so wedd jetzt g'hetzt,
en da Himml kommt dear doch nia.

D'Babett schmeckt erscht mal des Leichamal,
viele andre, deane schmeckt s'Bier.
ma schütt nei, was neig ad en Kanal,
und a Prosit, drei-vier.

Wo vorher no Träna g'flossa send,
fliaßt en Menga dr Alkohol.
Beim Leichaschmaus, dau gad a andrer Wend
wia dau dussa am Friedhof wohl.

A Schpazierfahrt

Wia weit ma heit em Auto fährt
weil ma was B'sondres will,
wia hofft hat ma em Schtau scho zehrt,
ja ewig weit war's Ziel.
Und grad bei deam so Hoha Preis
was uns dr Schprit heit koscht,
dau denk i mir dann oifach Leis,
i fahr heit Richtung Oscht.

Ganz schnell und kurz auf d'Autobah
und hinter Landschberg ra,
weil ma des no genieß ka,
nau Richtung Süda na.
En Wossobrun, dau mach i halt,
guck dau dia Gegend a,
a Lind in ihrer schönschta G'schtalt,
mit em Kloaschter neaba dra.

Dau send mir au dia Berg scho näh,
grad fascht zum Greifa dau,
Sieh dau vom Wentr no da Schnee
und mecht eahn au dau lau.
Nau gad's grad Richtung Weilheim zua,
a wunderscheana Schtrauß,
dia fahr i dann in aller Ruah,
und au ganz ohne Schtaus.

Grad z'Fuaß nau nei in d'Innaschtadt,
wo ma scho weit sieht Kurch,
was Weilheim für Fassada hat,
des gad oim durch und durch.
Von deaner alta Mauer no
schtad au so manches Schtuck,
von inna au dia Kurch sowieso
ja geara a no guck.

Gar g'miatlich gad nau weiter d'Fahrt
beim warma Sonnaschei,
i fahr nau zu der Wetterwart
dau scho a mal au glei.
Am Hoha Peißaberg, dau dob,
dau sieht ma weit en's Tal,
a frisches Wendla gad, oh Lob
au zwiascha nei a Mal.

I gang au in dia Kircha nei,
ma kloina Wallfahrtsort,
nemm dia au g'nau en Augaschei,
wenn i scho mal dau bi dort.
Ja deam Antonius isch se g'wiah,
ma tolla Schutzpatro,
dean i scho braucht Hau en dr Miah
und g'holfa hat all no.

Ganz g'miahtlich gad'a meah hoi
mit Bayern eins em Oahr,
genieß dia Fahrt so ganz alloi
und komm mer himmlisch voar.
I denk mir, wia schea Bayern isch,
mit welche scheane Fleck,
wia geara du dahoi dau bisch
und willsch von dau au nemme weg.

Und nau verschtand i au dia Leit
dia von arg weit send her,
dia alle send heit g'fahra weit
trotz all und deam Verkehr.
Wia schea dass i so näh bin dau,
au öfters komma ka,
i möcht's au gar net anderscht hau,
ins Schwäbische kommts grad na.

So wunderschea em Moia

So wunderschea em Moi bliaht jeder Schtrauch und
Baum.
So manches junge Mädle hat dau an scheana Traum.
Jetzt bliaht so schea dr Flieder, ob weiß oder ob blau,
dau mecht des junge Mädle jetzt werra von oim
d'Frau.

Es schtad an manchem Häusle, an manchem
Gartazau,
so a Moiabäumle, des g'heart ra liaba Frau.
Des send no Traditiona, dia ma halt pfleaga duat,
wenn au Pirata moinad, des dät heit nemme guat.

Vorbei isch jetzt dia Kälte und s'isch Biergartazeit.
Ma guckad dau im Schtädtle wo's an recht scheana
geit.
Ma sieht dia scheane Mädla, dia hand net so viel a,
wo sich des Mannes Auge Appetit hola ka.

Vorbei isch d'Langaweile, denn üb'rall isch was los.
So viele kloine Feschtla, dia geit's em Sommer bloß.
Politiker hand Saison, send bald em jeda Zelt,
und moinad übertroffa, das ihr G'schwätz jedem
g'fällt.

Da Urlaub duat ma plana wo's grad recht
günschtig sei.

dau schtellad sich voar allem dia Schpritpreise
scho ei.

Dr'bei isch doch dia Hoimad au grad so wunder-
schea,

und dau hand doch so viele no lang net alles
g'seah.

Mir send mir

Duat oiner schwäbisch schwätza
muass er sich gar net hetza
weil schnell oifach alles g'sait.
Hat's oiner net so verschtanda
muass er net groaß verhandla
weil flexibl send Schwaubaleit.

Von Oberschtorf bis ens Rieaserland
send mit als Schauba ja weit bekannt
und a so soll es au all bleiba,
dau duat ma net lang schtreita,
a Schwaub bleibt oifach a Schwaub
und auf Weschtbayern send mir taub.

Vom Lech deana bis an d'Iller nom
send mir echta Schwauba umadom
was sich au nia wed a mal ändera,
dau ka uns koiner hindra,
was dau oiner allwei sait,
eigentlich isch des gar net g'scheit.

Schon dr König Ludwig hat es g'wisst
wo des Bayern doch am schönschta ischt
und hat's Oschtallgäu g'nomma
und zum Baua dau begonna,
wo sich ganz Bayern rühmet heit
mit Neuschwanschtein weit und breit..

Mir send mir und des bleiba mr au
send s'scheaschte Schtuck Bayern dau,
so wed's a Weschtbayern nia geaba
dau liegad oine saumässig dr'neaba,
denn mir send alle aus em rechta Holz
und auf des boirisch Schwauba b'sonders schtolz.....

A Hoimat isch

So mancher Mensch isch a Wandertier,
Er wohnt mal dau und er lebt mal hier,
doch was er besitzt ma au Hoimat nennt,
dau wo ma eahn scho von Kloi auf kennt.

So manchen ziahts en dr Welt herum,
ja und er findt des au gar net dumm,
doch er woiß genau wo er isch dahoi,
aufg'wachsa isch, d'Hoimat isch alloi.

Und doch ka's sei das er's nimmer sieht,
warum au all er sia immer mied,
und ganz andersch wo isch jetzt sei Dahoi,
und dau sait er dr'zua au net noi.

Ma isch dahoi wo einscht d'Wiege schtand,
ja des isch all no des Heimatland,
geara denkt ma dau scho all wieder z'ruck,
wo Kindheit isch au no Schtuck fer Schtuck.

Und doch gibt's au so fer manche Leit
A zwoita no, wia scho alle Zeit,
wo ma sich wohl fühlt, s'Herz am rechta Fleck,
von dau möchte ma au gar nemme weg.

Dau sait ma nau das des d'Hoimat wär,
und des zum sa fällt au gar net schwer,
weil halt dau des Herz scho verwurzlad isch,
ja weil halt dau geara dahoi au bisch.

A Hoimat isch wo es oim halt g'fällt,
und des alloi isch es doch was zählt,
wenn i ehrlich bin, i bleib geara dau,
weil mit Herz halt a Schwaub bi au.

A altes Haus

A altes Haus isch oftmals nemme In,
s´kloi ond s´ nieder enna drin,
feichte ond dr zua au denne Wänd,
Böda dia aus lauter Holz no send,
null isch der Wert vom materiella her,
viel neischtecka, moint ma, lohnt net meahr.

A altes Haus, des koiner meahr will,
es schtadt dau, einsam, verlassa ond schtill,
ma wartat aa was es no brengt,
woiß das es am seidana Fada da hängt,
reschtauriara, noi, wegreißa glei,
so wet´s am oifachschta sei.

A altes Haus des viel verzähla kennt,
Plätzla, dia no richtig schea idyllisch send,
g´miatlich, wia ma's em Neia nemme so fendt,
a Ofa, der em Zemmer richtig no brennt,
d´Wärme, dia ma angenehm au schpiert,
das sich's lohnt, wenn ma´s richtig probiert.

A altes Haus, a Hoimat ond a Fraid,
es hat weam g´heart voar langer Zeit,
ma sehnt sich na deane Leitla z´ruck
ond fendt dean´re Erinnrong Schtuck fer Schtuck,
weil au a Herz an deam Heisle hängt
wet´s von koim Nuibau net verdrängt.

A drei – Tage - Menü

Essa kocha fer a paar Gäscht
isch fascht wia a wonderscheanes Fescht.
Ma guckat was ma kaufa ka,
was grad jedem guat schmecka ma.

An schwäbischa Schlemmertopf
Nemmt ma mal glei beim Schopf.
Schpätzla, Fleisch ond Käs,
guat g'macht, wia fei isch des.

Kässchpatza, net grad Kaloriaarm,
doch dia ma a jeder Darm.
Scheane aag'reaschte Zwiebl drauf,
dau gat's Herz eascht richtig auf.

An Gruschtabrauta mit ra Soß,
dr zua aus Semmlmeahl an Kloß,
als Beilag no a blaues Kraut,
ebbes was dr Maga guat verdaut.

So zwischa nei g'heart no a Fisch,
a frischa Forell mal auf da Tisch.
Salzkartoffel, halt Schwärzwälder Art,
groicht wett dr zu greaner Blattsalat.

A Wurschtsalat so mit allerloi
Hat ma so wie so allawei dahoi.
Dau kommt nau so alles nei
was an Salat so ibrig sei.

A Schpeiskart, ganz a la Cart,
schwäbisch, was am moischta schpart,
deftig, doch griagt oiner no net gnua
nau geit's halt a Eis no dr zua.

Auf a Hochzeit

Des Leaba gad so Schritt fer Schritt
all meah en a nuia Phase nei.
Nach em Kindergarta Schualeitritt,
wo ma fers Leaba lernt scho glei.

A nuier Schritt isch nau dia Leahr
wo ma nau scho ebbes älter isch,
a Zeit, en der ma's hat richtig schwer,
vielleicht weil scho verlieabt mal bisch.

Und ziagad nau dia Jauhr en's Land,
so mancher Herz – Schmerz bleibt oft net aus,
es geit so viel was no net bekannt,
doch macht ma sich recht weanig draus.

Oimal aber kommt nau der Daa
wo ma an da Rechta na au schprengt,
zu oim wo ma geara JA dät saa
und dean au voar da Altaur brengt.

War ma bisher doch ganz alloi,
so isch ma nau plötzlich halt zu zwoit.
Ma hat zeema a oig'nes Dahoi
und duat oim hoffentlich nia Loid.

Ja plötzlich isch ma Ma und Frau,
ma nix meah alloi entscheida ka,
manche nemmad des au ganz genau,
nemmad koin Widerschpruch net a.

Vergangaheit isch d'Freiheit ganz,
es geit jetzt au dau koin Weag meah z'ruck,
verganga isch des Singles Glanz,
baut wed jetzt a nuia Bruck.

A nuies Leaba fangt nau a
en ra ganz nuia und ra andra Welt,
das ma dean Weag au schaffa ka
hand viele lang scho fescht geschtellt.

Zeemahalta hoißt's jetzt nau all,
doch g'wieß net ananander kettad sei,
und geit's au mal a wenig Krawall,
der lauft so ab und zua mal nei.

S'scheanschte nau d'Versöhnung isch
weil ma nau schpürt wia arg ma sich doch ma,
nau au wia a nuier Mensch glei bisch
und a Liab doch nix trenna ka.

Es geit doch nix schean'res auf dr Welt
Wia so a verliabte traute Zweisamkeit,
so a Lieab dia wia a Schtahlsoil hält,
und des fer a ganza Ewigkeit......

Reich aber ganz schea domm

Es geit viel Menscha auf dr Welt,
fer dia zählt als oizig's blos des Geld,
dia guckat nemme rom ond nemme nomm,
dia send zwar reich, aber ganz schea domm.

Dr'bei geit es doch so viel zom seah,
ond all des duat's bloß oimal gea,
doch was deane em Weag isch, mach ma om,
drom send dia Leit fer mi ganz schea domm.

So manches Tierle auf der Welt
Die ganz Natur am Leaba hält,
doch weil's a Geld brengt schiaßt ma's om,
dau ka i bloß no saa, send dia doch alle domm.

Doch oimaul kommt au nau dia Zeit
Wo nau a jeder dr'nauch schreit,
ond guckat dia nau mal rom ond nom,
sagat dia au, warad mir friaher domm.

Onser Schwäbisch

Es geit Schpraucha, so viel auf der Welt,
I ka es net saga, vielleicht hat's oiner zählt.
Mei Schwäbisch, ja i leignes net weg,
Brengt fer manche zeascht mal an Schreck.

Mei Muatter, dia hat mir's schwäbisch g'lernt,
Ond grad so wia sia, hau i mi nia entfernt.
I schtand zo meiner Hoimat ond der Schrauch,
Trag boide em Herza ond net bloß em Bauch.

Es geit so viel Wörter, dia reimat sich schea,
Em schreibdeitscha han i dia no nia g'seah.
Vielleicht isch deshalb dia Schprauch au so rond,
Des schwätza auf schwäbisch a gar a so bont.

A leisa Supp, ja dia schmeckt fad,
Ond an Gaaza nemmt ma zom Suppaschepfa grad.
A Duranand isch a dick's Omlett zerhackt,
A Saumaga oiner der alles zem packt.

Ebbes lätschiges isch, wia soll i dau saa,
Ebbes mit deam ma halt nix afanga ka.
A Lätschabeb isch oifach lätschig ond fad,
Von ma Sausiach isch er `s Gegatoil grad.

A Gratl, des isch d'Fiaß usanand,
A Gratler lauft beas omanand.
A Gratl, des isch au so manchiges Weib,
Wobei's Gratla ja heifaweis geit.

A so a Graffl, des isch unnutz Zuig,
Hat oiner Schläg griagt, nau ha man verbluit,
Zor ra Brennta, ja dau wett au Wanna g'sait,
A ewiger Dippl, der wett nemme g'scheit.

Ja fährt oiner gar da Hoara glei nauf,
So fährt er mit dem Auto einen Anstich hinauf.
Ond Haura, dau kämpfat zwoi mitanand,
Dr Grend isch als Kopf weit au bekannt.

A Kachl, des isch a dickara Frau,
D' Quatratratschl duat ma iberall hau.
Des isch oina dia Zeitong von moara scho kennt,
Ja alles woiß, s' moischt gar net schtemmt.

Zom Aftermedeg wet Dienschtag au g'sait,
Neaba dana, des isch gar net weit.
A Bachale isch a guat g'rautenes Kend,
Isch a Milch nemme guat, ja nau isch e halt g'rennt.

Es geit viele Schwauba, dia kennat des net,
Weil bei de Jonge schriftdeitsch g'schwätzt wet,
Die Alte, dia wissat no so manch's Wort,
D'Ausschprauch isch verschieda, en an'dre Ort.

Schwäbisch g'schwätzt

Schwäbisch g'schwätzt, so sait man gern
Ist ne Sprache von nem andern Stern.
Und doch halt i mich daran fest,
Schwäbisch ist „the very Best"!

So hat des wohl dr Herrgott au g'seah
Wia er uns dia Schprauch hat gea.
A scheana Schprauch für guate Leit
Hat sich bewährt sogar bis heit.

Guckad ma uns au mal recht dumm a
Was i au verschtanda ka,
Weil ma halt oft verwechslad wett
Weil ma württabergisch schwätza dät.

Doch wenn's a Hessamaid verschtad
Dia an Schwaubabua jetzt hat,
Wenn a Berliner woiß was i moi
Isch dia Welt doch no recht kloi.

Und schwätzt dia Amsl im a Schtrauch
Au ihra ganz und gar ganz oigna Schprauch,
So hear i des ganz fei doch raus,
Sia kommt beschtimmt aus ma Schwaubahaus.

Wenn ma s"Oacha" au boirisch schwätzt
Verschtadt er Schwäbisch s guater letscht.
Au s'Neiburg dunt, am Doanaschtrand
Isch's Schwäbisch allwei no bekannt.

Und lass uns naus gau und ganz naa
In des ferne groaße Afrika,
so woiß ma au dau dunt ganz g'ieß
a Schwaub dahoim hat's Paradies.

Doch manchmal macht's mir Sorga au,
Wia lang werr mer denn des no hau?
Dr Raubbau heart au bei uns net auf
Und ma nimmt des all'z a mal in Kauf.

Schwäbische Erklärunga

Kommt einer nicht aus Schwaben,
dem bayrischen, ist klar,
der Sprache nicht erhaben,
sind die Kontakte rar.
Dabei ist vieles gar nicht schwer
wenn man's aussprechen kann,
doch wir Schwaben sind so fair
und sprechen ihn Schriftdeutsch auch an.
Doch manchmal, oh Gott keinen Schimmer,
ein Wort auf Schriftdeutsch gibt's nicht immer,
und darum gibt es heut einen Kurs damit man uns
versteht,
damit ein jeder sofort weiß woher der Wind auch
weht.

I han di ja so geara,
des heißt ich mag dich gern,
i hol fer di an Schteara,
ich hol für dich ein Stern.
I ma di so wia du au mi,
sind wir in uns verliebt,
fer mi geid's ja nur no di,
das für mich nur dich noch gibt.

Du bisch mei Augabutza,
du bist mein Augenstern,
der wo di sieht wed schtuza,
ein jeder sieht dich gern.
Di mecht i scho a Leaba hau,
dich lass ich nie mehr gehn,
i lass fer di alles schtau,
ich lass für dich alles stehn.

Auf Hända dua de traga,
verwöhnen will ich dich,
du muasch de nia beklaga,
dich lass ich nie im Stich.
Du kasch von mir ja alles hau,
mit Dir da geiz ich nicht,
Mädle, bisch du schea ond brau,
du hast ein schönes Gesicht.
Du bisch a alter Grandler,
das ist ein Pessimist,
ond so a Maulverschandler
die Wahrheit leicht vergisst.

Wenn ma em Dorf a Ratschl hat,
ist das eine, die alles weiß,
isch's irgendwo Schpieaglglatt,
ja dann ist es voller Eis.

Ja a taubada Henna,
'ne ungeschickte Frau,
isch oiner mal meah denna,
dann ist er halt im Bau.
duat oiner sich na flacka mal,
dann legt er sich kurz hin,
ond isch oiner a mal prahl,
ist er voll bis an das Kinn.

Duat oiner recht viel schwätza,
dann redet er halt viel,
ond duat oiner all petza,
verfehlt das Wort sein Ziel.
Wenn oiner an Saumaga hat,
dann ist sein Hunger groß,
wenn oiner ganz dr'neaba schtad,
hat er nicht das große Los.

Es gäb noch viel zu schreiben,
es gäbe gar kein End,
man soll's nicht übertreiben,
jetzt wird erst mal getrennt.

Wenn ich 'ne Auskunft geben kann,
so bin ich gern bereit,
dann stellt mir Fragen dann und wann,
für 'ne Antwort ist stets Zeit.
Erlernen, das ist etwas schwerer,
sogar für so manchen Belehrer,
wenn er nicht g'rad ein Schwabe ist
und diese Sprache kennt,
mancher junge Schwabe vergisst
die Muttersprach am End.

Schwäbisch – auch für Nichtschwaben

Jeder spricht in unserm deutschen Land
Ein wenig anders, das ist bekannt.
Ein jeder hat so seinen Dialekt
Hinter dem so manch Geheimnis steckt.

Dabei behaupte ich so halt einmal
Das Schwäbisch ist schon ganz genial.
Denn es hört sich lieblich einfach an,
drum setz ich eine Übersetzung dran.

Gesprochen heißt auf Schwäbisch einfach
g'schwätzt,
und wer sich na g'hockt hat, der hat sich g'setzt.
Dau hana dana heißt, da wo ich grade bin,
Und wenn's koin Doa net hat, dann hat es keinen
Sinn.

Ganz g'scheckad isch auf Deutsch halt bunt,
So mancher Mann ist auch a g'schleckader Hund.
Des heißt, dass der ganz glischtig ist,
mit Mund und Augen nur das allerbeste ißt.

Ein Luader ist ein recht durchtrieb'nes Weib,
a Bachale ein Kind mit fülligem Leib.
Ne Quatratratschl ist ne gescheite Frau
die, die Zeitung von morgen kennt, schon ganz genau.

A Siach ist einer der gewitzt schon ist,
a Lump der manche Wahrheit schnell vergißt,
a Lumpamensch ist von weiblicher Natur,
a Tagdiab lebt von der Gesellschaft nur.

A Schibbl ist ein kleiner Büschen Haar,
a Schneckale, ein Fraule wunderbar.
A Bißgurk in der Tat das Gegenteil,
beim Duusl blieb einfach einer wieder Heil.

Wenn ich flack mal auf das Sofa hin,
dann heißt es dass ich einfach müde bin,
und hab ich G'luscht auf eine süße Speis,
ist es das Verlangen, wie ein Schwabe weiß.

Und gruschtlad einer irgendwo herum,
dann sucht er etwas Verlegtes, gar nicht dumm.
Wenn er des Glump dann wieder findt,
freut er sich narrsich wie ein kleines Kind.

Jetzt sag doch oiner dass dia Schprauch net schea,
dass oiner moint es könnt a scheanra gea????

Man wünscht sich viel

Man wünscht sich viel auf deaner Welt
Und hofft dass es passiert,
doch was dr'bei au moischtens zählt
isch, dass es net pressiert.
Man sehnt sich scho da Mond herbei,
obwohl erscht Neumond isch,
weil's halt beim Vollmond allawei
am allerschönschta isch.

Man wünscht sich heit und glei sofort
A Herz des zu oim hält,
gebraucht dr'bei so manches Wort,
des sonscht bloß selta fällt.
Doch alles braucht a wenga Zeit,
so isch es net bloß heit.

Ma wünscht sich alles was ma gibt,
voar allem Harmonie,
a Herz, des oin fer immer liebt,
mit aller Sympathie.

Und man ka es net erzwinga,
doch es kommt zur rechta Zeit,
dau kasch bitta, bettla, singa,
isch dei Herz net aufrecht heit.

Hab Geduld und ja koi Eile,
alles kommt wia's komma muass,
alles kommt dann in ra Weile
mit ma ganz ma liaba Gruass.

Denn alles des was zu schnell wächst
Hat selta an Beschtand,
manchmal, dau isch es wia verhext
und viel zu schnell verbrannt.
Was ma sich alles wünscha mag,
alloi dr Glaube zählt,
und nau kommt au der oine Tag
wo oim des nemme fehlt.

Manchmal braucht's ebbes länger

Zum Glück, dau führad viele Schtraußa
Und Kreisverkehr ganz ohne Schild.
Manch Landkart könnt di weisa
Und voar dir hasch au scho des Bild.

Dean Weag bisch du au scho oimal g'fahra,
doch damals kamsch wo andersch her,
wia dir duat's ja so viel erganga,
fer jeden isch's genauso schwer.

Des G'fühl duat di manchmal verlassa,
woisch oifach nemme wo da bisch,
und auf deam Weag, dau ziaht di mancher
au ganz oifach über'n Tisch.

Ma möcht so geara oin mal frauga,
doch moischtens schtatt grad koiner dau,
so fährt ma ewig om da Krois dau rom
und wird wieder mal net drauß schlau.

Ma sieht des Licht scho in dr Ferne
Und moint, jetzt isch's ja nemme weit,
a Umleitung muass nau au wieder geaba,
dia schtiehlt dir wieder mal an Zeit.

Geduld gad dir langsam verloara,
denn was au siehsch, du kommsch net na,
des Ziel isch scho voar deine Auga,
doch irgendwann dau kommt ma a.

Manchmal, dau braucht's ebbes länger,
manchmal, dau verliert ma sei Ziel,
Manchmal, dau wirsch mit dir dann schtrenger
Und nau hörsch wieder meah auf dei G'fühl.

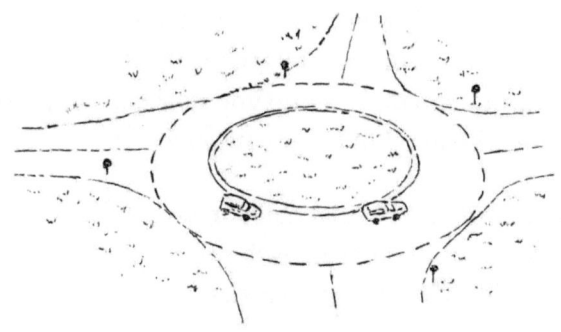

Mauler, Dichter, Fotograf

A jeder Mensch, der hat em Kopf zwoi Auga,
fascht jeder ka dr mit au ebbes seah,
ma mecht es fascht net so recht glauba,
ond heart's doch allwei meah.

Dr oine sieht am Himml Sonnaschtrahla,
dr andre sieht bloß all'z no grau en grau,
so mancher sieht bloß lauter Zahla
ond hält sich drom fer b'sonders schlau.

A Mauler sieht en allem bloß des scheane
Ond brengt es au a so auf d'Leinwand drauf.
Er sieht des blau ond sieht des greana,
wo andre schtoaßat niamals drauf.

A Fotograf ka au so viel erkenna,
ond sei es nur a kloiner Käafer bloß,
a jedes Bild ka er benenna,
d'Natur isch fer eahn's groaße Los.

A Dichter schreibt ganz oifach aus em Leaba,
guckt er sich daurin um, geit's all a Bild.
Schreibt von de Leit ond von dearem schtreaba,
vom scheana Wald ond von sei'm Wild.

So ka a Dichter viel meah von sich geaba,
des was koi Fotograf feschthalta ka.
Bei alle isch jedoch viel leaba,
wann ma's au richtig seah ma.

Ma isch ja no net alt

Wia schea send dia Däg dr Jugend fer ons doch
gwea,
send futt ond sia kommat zu ons au nemmer meah.
Des Bild, mei Gott wia war des dettmauls no so
schea,
wobei heit bisch du au no grad schea a zom seah.
Manchmaul, dau zwickat heit halt so kloine
Schmerza,
siehsch a jong's Mädle zwickt's bei dir s' Herza.
Deine Haur, dia warrad au scho a weng licht,
doch des fällt bei dir gar net so arg en's Gewicht.

Ma isch ja no net alt,
a wenga älter halt.
Ja ma isch sogar a weng reicher als ma es friaher
war.
Ma isch ja no so jong,
hat irgendwo no Schwong,
wenn dei Frau zo dir au all was andres sait,
tuat's ihr manchmaul leid.

Mei Gott, wia schnell doch dia Zeita verschtricha
send,
du sieh's wia erwachsa heit scho dau schtadt dei
Kend.
Drbei isch es ja no gar net a so lang her,
dau warsch du au a grad a so jong wia heit der.

Wia hat dir dettmauls doch des pussiera g'freit,,
täglich a Nuia, des war a scheana Zeit.
Heit derfsch's nemme, dei Frau zu dir all sait,
weil's des fer di en deam Alter nemme geit.

Ma isch ja no net so alt,
a wenga älter halt,
ja ma woiß heit alles wia es gad
wenn ma heit henter'm Schtadl schtad.
Ma isch ja no so jong,
hat irgendwo no schwong,
ond so wett's au en hondert Jauhr grad no sei,
des bild i mir ei.

Reich em Herza sei

Ma glaubt em Leaba des zum finda
Was oin so richtig glücklich macht.
Ma rackert und duat sich oft schinda,
a anderer isch's, der drüber lacht.
An großa Wohlschtand zum erreicha
Setzt sich so mancher glei als Ziel,
und schtellt dr dr'für no so viel Weicha,
viel reicher isch der, der hat a G'fühl.

A reicher Mensch hat au viel Sorga
Wenn er sich alles leischta ka,
au eahn druckt mancher graue Morga,
wenn's er au net mal zua gea ma.

A Geld macht oin halt scho recht z'frieda,
doch glücklicher macht es net,
vielleicht zum fünfta mal scho g'schieda
und arrogant im höchschta Grad.

Em Herza denna muass es schtemma,
ma soll halt wissa weam ma g'heart,
ma muass viel geaba, net bloß nemma,
denn des isch fer da andra g'schert.
A Gluat em Herz soll allwei brenna
Und d'Sehnsucht all beim andra sei,
des Herzle ka ma au bloß g'wenna,
bisch du mit ganzem Herz dr'bei.

Über´s Bier

Mir schmeckt des Bier, der Hopfasaft,
der macht mi schtark, der gibt mir Kraft,
ob´s mal hell, mal dunkl isch,
die Hauptsach isch, es isch schea frisch.

Ob´s aus em Woiza isch gebraut,
es hat mi all no aufgebaut,
ob´s a Geaschtabier au isch,
die Hauptsach isch, es isch schea frisch.

A guates Bier, des kommt vom Fass,
des isch so herrlich, des isch was,
wenn´s aus dr Fläsch ois mal isch,
die Hauptsach isch, es isch schea frisch.

A Bier, des isch so wia a Brot,
ma drenkt es au en greaschter Not,
ond so schtats geara auf em Tisch,
die Hauptsach isch, es isch schea frisch.

Ja mit ma Bier, dau schtoaßt ma a,
weil ma dau so guat Proschta ka,
ob des a Mauß, a halbe isch,
die Hauptsach isch, es isch schea frisch.

Was isch denn dr Mensch

Was isch denn dr Mensch so arg hungrig nach
Macht,
bevoar de meah om gucksch, bisch scho meah ver-
kracht,
weil an Fehler hasch g'macht
hand de andere g'lacht,

Dau schufftesch a Leaba ond duasch grad wia bled,
ond hasch a mal s'Alter, isch scho alles d'schpät,
wenn ma friaher was dät,
gad's omnander em Greed,

Wenn jung bisch, isch dir koi Arbad net d'schwer,
dau fühlsch de so schtark, glei wia a Grizzle - Bär,
ond bisch no a so fair
bleibt des Konto oft leer,

Ma müsst halt was lerna wo allwei Geld hätsch,
dau wo da vom nix doa scho miad warra dätsch,
a reich's Weib vielleicht hätsch,
dia nau bald schtirbt s'letscht,

En Politik komma, ja dau müsst ma nei,
dau brauchsch net viel kenna, a Schwätzer bloß sei,
ja des wär was, oh mei,
wirft ma s'Geld henda drei,

A Auto vom Schtaat ond dr'zua an Chauffeur,
der fährt mi all Wuch dann au no zum Friseur,
ond passiert a Malheur,
ja bei Gott i dann schwör,

Ond wenn i nix bi, ja dann schmeißt ma mi naus,
doch mit der Pensio komm i geara nau aus,
kriag a Abfindung raus,
mit dear bau i a Haus,

A Manager, ja des kennt i au no sei,
dau kommad zig tausad em Monat glei rei,
geara schiab i dia ei
ond dua's glei en d'Schweiz nei,

Dann woiß ma ja wo ma a Geld no her kriagt,
ond wia ma dia G'schäftla au richtig na biagt,
wia ma d'Leit au a liagt
das ma no mal meah kriagt,

Ond kommt mer mal oiner a wenga dau drauf,
des nemm i bei soviel Geld geara en Kauf,
so isch oftmals dr Lauf,
ma schtad all wieder auf,

A Lomp muaß ma sei, ja nau kommt ma zu was,
dau g'hearsch alla wei au glei zon dr Firstklass,
hasch all was en dr Tasch,
ond di hoch leaba lasch,

Doch liaber bi i dau a ehrlicher Ma,
wenn i au nia so viel verdeana no ka,
roichts mi allwei no na
ond ka sei wia i ma,

Drom sen'mer doch z'frieda so wia mer grad send,
send luschig ond fröhlich, des isch au koi Send,
machad des was mer wend,
was ma von ons au kennt,

Zom Zuageah fehlt dr Muat

Des ganze Leaba hat zwoi Seita, des fängt scho en
dr Jugend a,
du bisch dahoi dr aller brävschte, dau ka ma über di
nix saa,
ond bisch du fort in deiner Clique, dau gasch du
richtig aus dir raus,
dau bisch sogar dr wild´scht von alle, dau leabsch
dei Leaba richtig aus.

So langsam bisch nau em a Alter, a Freindin g'heart
jetzt au dr zua,
du kommsch mit allem was du drauf hasch, des be-
schte isch dir no net g'nua,
ond hasch 'se oimal om da Fenger, ond hasch a mal
dei Ziel erreicht,
fällsch wieder en da alte Trott nei, vom Mädle dann
zom Teif'l g'leicht.

Hasch alles oi mal richtig ei g'seah, isch alles mo-
ischten's langsam d'schpät,
aus viele Fehler hasch du g'lernat, du wenscht dr
das ma Zeit z'ruck dät,
Du dätsch heit vieles anderscht macha, doch ändra
ka ma nix meah dra,
du bisch om vieles g'scheiter woara ond brengsch
des an dia Jugend na.

Ja, des isch's Krumbad

Hasch du was en deim Greiz,
was du duasch, allawei schreits,
lauf'sch scho ganz bucklat rom,
des isch nau scho domm.
Nau muasch en's Krumbad gau,
dau duat ma so Leitla hau,
dia schtellat di meah her,
dau bisch meah wia a Bär.

Wenn du a Fitness brauchsch,
wenn du gar zuviel rauchsch,
wenn alles nix meah isch,
am alt werra halt bisch.
Des Krumbad hilft dir dau,
du muasch bloß na mal gau,
dia schtellat di wieder her,
bisch nau meah wia a Bär.

Du schaff'sch da ganza Da,a
meah wia's dei Körper ma,
am Aubad ganz fertig bisch
ond alles nix meah isch.
Dann brauchsch Entspannung pur,
ond des aus der Natur,
wia's es grad em Krumbad geit,
für junge und ältere Leit.

Egal was dir au fehlt,
was di au täglich quält,
ob jong bisch oder alt,
Qual hat an G'walt.
Em Krumbad hilft ma all,
schtellt sich ei auf dei Qual,
dia schtellat di meah her,
nau bisch meah wia a Bär!

Es naht dia Zeit

Bald naht jetzt nau dia Zeit
wo s'Chrischtkind scho bereit
und a Engl vekünd't de Leit
dia ganz groaßa Fraid.

A Engl dia Botschaft brengt
von deam nuigeboarana Kend
des en de Windeln leit
au en unsrer nuimoderna Zeit.

A Engl bei de Hirta war
und dia Botschaft dau wonderbar
en deaner selliga Nacht
speziell fer sia hat überbracht.

A Engl au en selliger Nacht
dia Geburt hat überwacht,
wia der Jesus Chrischt
nau en deam Schtall geboara ischt.

Und a Engl wed's wieder sei
der uns heit wieder ganz fei
dia Botschaft überbrengt
von dem nuigeboarana Jesuskend......

Weihnächte—a Fescht fer G'schenke

I denk mer's halt von Jauhr zu Jauhr,
kennt moina, es isch nemme wauhr,
was Weihnächte heit no isch,
es isch bloß no an Gabatisch.

Em Sommer wedd scho em Proschpekt
Nei guggad was alles verschteckt,
was ma an Weihnächta dau will,
ja schenka isch bloß no des Ziel.

Dau wedd au net lang a maul g'fraugt
Ob ma des braucht ond ob des au taugt,
net g'fraugt ob ma's kriaga kennt au,
ja, Kender dia send heit scho schlau.

Was ja au passiera no kennt,
dass es halt net brav war, des Kend,
an so was wedd heit gar net denkt,
was will, ja des kriagt's heit au g'schenkt.

Ond isch nau des Weihnächta dau,
an G'schenk muass ma an Haufa hau,
dau wedd nau gleich no aussortiert
was oin am moischta intressiert.

Dass dau manch G'schenk nau liega bleibt,
des kasch du dir denka schon heit,
des war halt nau net intressant
des kommt halt nau weg mitanand.

Ond so gad's heit au all Haus zua,
es fehlt an der seliga Ruah,
Dia G'schenk, dia des wichtigschte send,
dau denkt man net ans Jesuskend.

Dia Schtaade Zeit

Ma ka heit saga was ma will,
dia schtaade Zeit, dia isch net schtill,
a Hektik glei von A'fang a,
an d'Schtille zom denka net dra.

So hoile, des wars friaher halt,
a Schneale g'schneit ond a wenga kalt,
ma hat sich koin Schtress net g'macht,
koin Schtress bis en d'Heiliga Nacht.

Heit gat's em November scho a,
egal wo da gucksch heit au na,
bald jeden Daa bisch irgendwo,
an jeda gat's dau eaba so.

Acht Feira hasch en de Verei,
Konzerte nau no oba drei,
auf Chrischtkindlesmärkt willsch gau,
dau kasch koi schtaada Zeit net hau.

Fer's Chrischtkendle wet no was kauft,
wo ma dau heit ibrall na lauft,
ma fährt en dr Weltg'schicht rom
ond ibrall, dau kauft ma a Drom.

Ja Kuche, dia g'heart ganz dr Frau,
denn Loibla, dia will ma ja au,
zwanz'g Sorta, dia sollat's scho sei,
ma bachat bis en Morga nei.

An Weihnächta kommat no z'letscht
ja au doch a ganza Haufa Gäscht,
dau wet's ganze Haus sauber putzt
dass jeder voar Sauberkeit schtutzt.

Isch de ganz Schtadt a Liacht'rmeer,
nau braucht ma em Heisle meahr,
an jedem Fenschtr ebbes dra
das ma sich au seah lassa ka.

Ond hat's dussa au net viel Schnea,
nau isch des Weihnächta net so schea,
nau isch alles a richtiga Plaug
ond alles hat koin richtiga Taug.

Ja gat's auf des Ende nau na,
dr Heilig Aubad komma ka,
nau fehlt beschtemmt no des,
gat no mal zom kaufa mit Stress.

Was ißt ma am heiliga Daa,
was braucht dr Chrischtbaum no dra na?
Das ebbes no net ganz perfekt,
ja des wet am Schluß no entdeckt.

Ond voar ma sich guckat mal om
isch Weihnächta au scho meah rom,
was ma von dr schtilla Zeit g'hett
war Hektik ond Schtress ond a g'frett.

So gat es von Haus zu Haus,
dia schtaade Zeit, dia bleibt moischt aus,
ja trotzdeam was bleibt von deam Rescht,
a g'segnates weihnachtlich's Fescht.

Wo gad des Jauhr bloß na

Mei Gott, wo na isch denn dia Zeit meah g'loffa,
ma fraugt sich scho, wo schprengt se na.
Hau doch grad no des nuie Jauhr dau troffa,
und jetzt fangt's bald scho wieder a.
Mei Gott dau wesch ja alt, a Jauhr bald wieder
rom,
und kasch nix doa, bloß gucka halt recht domm.

Dr Schlorperbaum am Marktplatz dana g'schtan-
da,
dr Oaschterbaum nau au scho glei.
Ka sich erinnra no an dia Gerlanda,
ja an dia Moibaumschmückerei.
Mei Gott, no net lang her, und scho isch's Jauhr
meah rom,
dau kasch nix doa bloß gucka halt recht domm.

Hat's net au grad da Sommerurlaub geaba,
hat man net eascht g'hett no Auguscht?
Und dieser Sommer war au net dr'neaba,
und a wenig groaß war au dr Duscht.
Wia lang war des jetzt her, jetzt isch scho bald
meah rom,
ja dieses Jauhr, und du gucksch bloß recht domm.

Wenn war denn des, ma isch auf d'Feschtwuch ganga,
die ganz Schtadt isch en Aufruhr g'wea.
Scho bald hat dr Herbscht nau a g'fanga,
und trotzdeam warrad Bäum no grea.
Und au dia Zeit isch jetzt ja au scho wieder rom,
und au des Jauhr und mir guckad bloß domm.

Wo jetzt doch üb'rall Weihnachtsbäum meah schtandat,
erleuchtet Schtraußa und au Haus.
Auf Weihnachtsmärkt wed au scho bald meah g'wandrad,
ond so gad's allawei meah naus.
Denn schnell isch des ja au nau scho wieder rom,
schtad s'nuie Jauhr nau dau, mir gucka domm.

Und in fünf Wucha, lasst ui des mal saga,
dau geit's de easchte Faschingsbäll.
Des easchte Faschingshäs duat ma meah traga,
mei Gott vergad doch alles schnell.
Und wia's en deam Jauhr war, schprengt s'Nuie au dau na,
ja bis de umguck'sch hock mer meah dau ha.

Silveschter

Silveschter, s'Jauhr gat's End
ond jeder nomal en an Lada rennt,
no schnell ebbes fer dia Feier kauft,
weil d'Uhr, dia lauft ond lauft.

Doch ma hat Zeit, no a Schtuck
ond denkt ans Letschte z'ruck,
wia des doch so isch g'wea,
no g'schmolza isch dr letschte Schnea.

Ma denkt an dia Jauhr ond wia se vergand
ond sieht dr bei au gar koi Land,
ma sieht d'Jauhr ond sieht dia Zeit,
dass es zom verweila gar nix leit.

Allwei husch ond schnell ond hopp
dass ja au em Leaba alles Top,
sieht net dia Jahreszeita meah,
so wia's friaher isch halt amal gwea.

Alles schnell, ma plant scho voraus
bis nau des Jauhr isch au glei meah aus,
ond so gat ma meah ens Nuie nei
dass dr Kalender voll isch meah au glei.

Doch, irgendwann, dau hasch dei Ruah,
nau, wenn dr Schreiner macht da Deckl zua,
an Meterachz'g em Loch dont bisch,
eascht nau a Jauhr koi Zeit meah isch.

A nuies Jauhr

A nuies Jauhr, es isch erwacht,
von heit auf morga, über Nacht.
Was's ons bloß nuies brenga ma?
Oder knüpft ma's oifach an's Alte na?

A nuies Jauhr, ma gat en's nei
als ob alles gar net andersch sei,
ond ob des oine, des andre andres brengt,
ob ma wohl no de selbe Liader sengt?

A nuies Jauhr, a andra Zahl,
ja so wia's scho war allemal.
Des Horoskop sait weise voaraus,
ob wohl von deam au wett was draus?

A nuies Jaur, wo sich was ändra duat,
d'Schteira nauf, em Schtaat duats guat.
Preise schteigat glei mit a,
ob sich des am Loah auswirka ka?

A nuies Jauhr, ma wenscht sich viel,
schteckt en des mal meah sei Ziel.
Besser soll's em Nuia sei,
so gat jeder en des Nuie nei.

A nuies Jauhr, mir bleibat wia mer send,
a weng liaber, vielleicht, und doch, i fend,
zo deam nuia Jauhr mit deam Gruaß,
kommt alles so wia' grad komma muaß.

Ein herzliches Dankeschön.......

gilt der freischaffenden Künstlerin aus dem mittel-
fränkischen Roth, Frau Stephanie Schubert.

Sie hat sich bereit erklärt, die Illustration einiger
meiner hier aufgeführten Gedichte zu übernehmen.

Mit einer herausragenden Perfektion hat sie dies
mit ihren Federzeichnungen geschafft.

ART
STU **Maunzerla**
DIO

by Stephanie Schubert

Landschaftsmalerei und
Tierportraits

Auf der Marter 14, 91154 Roth
schubert.steffi@gmx.net
https://artstudiomaunzerla.wixsite.com/
artstudiomaunzerla

Inhaltsverzeichnis

Bereits erschienen:

Gedichte die das Leben schreibt
Cuvillier Verlag Göttingen
ISBN Print: 9783865375636
ISBN E-Book: 9783736915633

Ich glaub an Engel
BoD Verlag Norderstedt
ISBN Print: 9783837096330
ISBN E-Book: 9783844880373

Anna—oder der Glaube macht Wunder wahr
BoD Verlag Norderstedt
ISBN Print: 9783839120903

Weihnachten-ein Fest der Liebe und des Friedens
BoD Verlag Norderstedt
ISBN Print: 9783738604481
ISBN E-Book: 9783738663136